FASTES BIOGRAPHIQUES

De tous les

ORDRES CIVILS

ET MILITAIRES

DE

L'EUROPE

AVEC PORTRAITS

PAR MM. AIMARD ET JULES DUVAL.

PARIS

CHEZ LEDOYEN, LIBRAIRE, PALAIS-ROYAL

GALERIE D'ORLÉANS, 31.

ET CHEZ LES PRINCIPAUX LIBRAIRES.

1853.

Serie. 2. Livraison

Biographies.

FASTES BIOGRAPHIQUES

De tous les

ORDRES CIVILS

ET MILITAIRES

DE

L'EUROPE

PAR M. AIMARD.

TOME PREMIER

PARIS

CHEZ LEDOYEN, LIBRAIRE, PALAIS ROYAL.

GALERIE D'ORLÉANS, 31.

Paris. — Imprimerie Blondeau, rue du Petit-Carreau, 26.

NAPOLÉON Ier,

EMPEREUR DES FRANÇAIS, ROI D'ITALIE, PROTECTEUR DE LA CONFÉDÉRATION DU RHIN.

Le monde eut trois grands siècles : le siècle de Périclès, le siècle d'Auguste et celui de Léon X. La France, plus heureuse que tous les autres peuples, depuis 420, époque à laquelle commence son histoire, eut trois grands siècles aussi : celui de Charlemagne, celui de Louis XIV, et le plus grand de tous, celui qui ne peut être comparé à aucun autre, le siècle de Napoléon ; c'est-à-dire le triomphe du progrès intellectuel sur les utopies.

Napoléon, ce géant des temps modernes, né de la révolution pour la compléter et la mener à bien ; cet homme auquel le monde est redevable de l'égalité morale, quand il arriva au pouvoir, refit tout, car les idéologues avaient tout détruit.

Nous n'écrirons pas son histoire ; elle est, depuis longtemps, dans le cœur de tout Français digne de ce nom. Nous nous bornerons ici à donner une Notice biographique, qui, toute écourtée qu'elle soit, fera connaître l'homme extraordinaire qui créa la Légion-d'Honneur.

Napoléon naquit à Ajaccio le 15 août 1769. Il était fils de Charles Bonaparte et de Lætizia Ramolini.

Ses ancêtres, inscrits sur le livre d'or de Bologne, comptés à Florence parmi les patrices, avaient joué un rôle important, surtout à Trévise. Pendant les guerres civiles d'Italie, ils étaient attachés au parti des Gibelins. Chassés de Florence par les Guelfes, ils vinrent se réfugier en Corse au commencement du XVe siècle, et fixer leur résidence à Ajaccio.

Le premier âge de Napoléon ne marqua point par ces prodiges dont on se plaît à entourer le berceau des grands hommes. Lui-même a dit : *« Je n'étais qu'un enfant obstiné et curieux. »*

En 1779, Charles Bonaparte, envoyé à Versailles comme député de la noblesse des États de Corse, emmena avec lui son fils Napoléon, âgé de dix ans. La politique de la France appelait aux écoles royales les enfants des familles nobles de la nouvelle conquête : Napoléon fut placé à Brienne, où il resta jusqu'à l'âge de quatorze ans.

En 1783, le chevalier de Kéralio, inspecteur des douze écoles militaires, lui accorda une dispense d'âge, et même une faveur d'examen, pour être admis à l'école de Paris.

La carrière de Bonaparte commença à seize ans, âge où le succès de son examen à l'École militaire de Paris lui valut, le 1er septembre 1785, une lieutenance en second au régiment de La Fère, qu'il quitta bientôt pour entrer comme lieutenant en premier dans un autre régiment en garnison à Valence.

Il avait vingt ans lorsque le premier cri de liberté se fit entendre en 1789. Bientôt le fatal projet de quitter leur poste s'empara d'un grand nombre d'officiers français. Bonaparte jugea l'émigration et lui préféra le pays : né avec une âme ardente, les idées républicaines devaient trouver de l'écho dans son cœur. Il se jeta dans le mouvement, et se voua, sans arrière-pensée, à la révolution. Ce ne fut que peu à peu que ses idées se modifièrent; et à son retour d'Égypte seulement il commença à rêver la suprême puissance : du reste, les circonstances l'y poussaient presque malgré lui.

Obsédé chaque jour à Paris par les plus imposantes sollicitations d'opérer un changement politique, s'il avait hésité dans l'espoir d'une révolution légale, qui sait si elle eut été faite pour lui? Bernadotte et Augereau épiaient l'occasion; la liberté du choix manquait déjà à l'idole du peuple et de l'armée. Entre remplacer un pouvoir avili que chacun l'engageait à détruire, et dont trois directeurs sur cinq lui offraient le partage, ou disparaître obscurément sous le coup d'une vengeance ou d'une intrigue; le choix ne pouvait être douteux, Bonaparte préféra sauver la France et lui-même : le 18 brumaire fut décidé.

La monarchie Napoléonienne, commencée le 20 brumaire an VIII (11 novembre 1799), eut des fastes rapides ! Élective et temporaire le 15 décembre 1799, déclarée à vie le 2 août 1802, elle devint héréditaire, sous le nom d'Empire, le 18 mai 1804.

Napoléon ne fut pas un conquérant vulgaire ; comme tous les génies supérieurs, il sentait qu'il avait une grande mission à remplir, et cette ambition démesurée, qui lui fut reprochée si souvent, n'existait pas réellement en lui.

Pour le but qu'il voulait atteindre, il lui fallait une puissance sans bornes; et les guerres gigantesques qui occupèrent tout son règne ne furent que le moyen dont la Providence voulut se servir pour faire pénétrer, dans toute l'Europe, ces idées généreuses que la révolution avait révélées à la France et qui bouillonnaient en elle.

Napoléon était à la tête de la civilisation nouvelle qui venait enfin de naître du chaos révolutionnaire, il voulut régénérer l'Europe et la doter de ces principes de 1789, et de cette connaissance de leurs droits qui fait les grandes nations, et qui, plus tard, lorsqu'ils furent compris, ont fait faire aux peuples ces pas de géants qui les ont enfin éclairés, et faits entrer, presque malgré eux, dans cette voie du progrès qu'aucune puissance humaine ne pourra désormais arrêter ou ralentir.

Les vieilles monarchies européennes qui tremblaient sur leurs trônes vermoulus, et dont l'égoïsme étroit et l'intérêt personnel exigeaient que la barbarie et l'ignorance pesassent constamment sur les peuples, afin que leur pouvoir restât fort et respecté, se liguèrent, d'un commun accord, contre cet homme terrible qui prétendait détruire ces préjugés et ces erreurs, seules bases de leurs couronnes, et jurèrent cette *sainte alliance des rois*, monstrueuse création, digne des plus mauvais jours du moyen-âge, dont la chute de Napoléon fut la conséquence.

Cette terrible épopée de l'Empire ne fut donc que la lutte de la civilisation contre la barbarie, lutte soutenue avec rage par ces rois qui savaient que, vainqueurs ou vaincus, il leur faudrait désormais compter avec ces peuples que jusqu'alors ils avaient gouvernés sous le régime du bon plaisir; mais qui pendant vingt ans de batailles avaient appris à connaître leurs droits.

Napoléon succomba, cela devait être; les idées nobles, grandes et généreuses dont il était l'apôtre ne pouvaient immédiatement porter leurs fruits; une révolution sociale aussi complète que celle qu'il tentait ne pouvait pas être comprise des masses à peine dégagées des langes de la féodalité qui, depuis dix-huit siècles, les enveloppaient de toutes parts, et l'ère de progrès qui luit enfin sur nous avait besoin d'immenses hécatombes humaines pour s'implanter à jamais dans le monde et le renouveler.

Napoléon est plutôt un homme de Plutarque, qu'un héros des temps modernes; car dans l'espace de plusieurs siècles, l'histoire ne présente pas un homme auquel il puisse être comparé. Ce n'est qu'en remontant les premiers âges que l'on pourrait reconnaître ses ancêtres historiques dans Sésostris, Cyrus, Alexandre, César et Charlemagne; Charles-Quint, Henri IV, Louis XIV et Frédéric II furent des grands hommes, il est vrai, mais cependant des souverains beaucoup plus modernes que Napoléon.

Dans deux cents ans d'ici, on aura peine à comprendre la destinée étrange et fatale de cet homme extraordinaire, de ce génie à part qui, tout à coup s'élevant d'une petite île de la Méditerranée, domina le monde pendant vingt ans, reconstitua la société qui s'écroulait et, son œuvre achevée, disparut de la terre: nouveau Prométhée que les rois ligués attachèrent tout vivant sur un rocher de l'Océan Atlantique, pour se venger de leurs défaites et de sa grandeur.

Napoléon fut un des hommes les plus constamment heureux dont l'histoire ait gardé le nom; sa chute même et sa mort le complétèrent, car elles firent voir sous son plus beau jour ce génie immense que rien ne put abattre, et qui fut réellement grand dès qu'il fut tombé! Napoléon vainqueur, n'était qu'un héros comparable à tant d'autres; mais le prisonnier de Sainte-Hélène, le Titan foudroyé reste seul et sans égal dans le passé comme dans l'avenir.

Nous le disons, et le monde entier le pense comme nous, ce qu'il y a de plus merveilleux et de plus extraordinaire que l'élévation et la chute de Napoléon, c'est Napoléon lui-même!....

S. M. L'EMPEREUR NAPOLÉON III

ET S. M. L'IMPÉRATRICE EUGÉNIE.

Louis-Napoléon est un de ces génies exceptionnels que la Providence fait naître à de rares intervalles pour sauver du cataclysme les peuples dont les institutions vont périr, et la nationalité disparaître sous les coups redoublés des factions et les théories subversives des utopistes.

Il naquit à Paris, le 20 avril 1808, de Louis, roi de Hollande, frère de l'empereur Napoléon Ier, et d'Hortense-Eugénie de Beauharnais, fille de l'impératrice Joséphine. Il fut tenu sur les fonds baptismaux par l'empereur et l'impératrice et solennellement ondoyé, par le cardinal Fesch, son oncle, à l'église métropolitaine de Notre-Dame.

L'Empire était arrivé à cet apogée de gloire et de grandeur qui faisait de la France la plus belle et la plus puissante nation du monde : des Pyrénées au Danube, de la Méditerranée à la Baltique, cent millions d'hommes, dont tous les cœurs battaient du même espoir et du même désir, saluèrent en dix langues différentes, avec un élan impossible à décrire, et comme un événement national la naissance de cet enfant qui, dans la pensée de tous et pour le bonheur de l'Europe, pouvait un jour être appelé à perpétuer cette sublime dynastie napoléonienne, dont l'illustre fondateur n'avait pas encore obtenu d'héritier de son sang.

Paris, dans son enthousiasme, adopta le noble rejeton par des fêtes magnifiques qui durèrent plusieurs jours.

Mais une vie commencée sous de si beaux auspices ne devait être longtemps qu'une suite de déceptions et de douleurs; pour être un jour digne de régénérer un peuple, il faut avoir souffert et courbé le front sous le souffle brûlant de l'adversité.

Ces hommes que Dieu semble prendre par la main pour les guider dans les durs sentiers de la vie et les conduire au faîte des grandeurs, doivent apprendre par eux-mêmes combien est âpre, ingrat et aride le labeur qui leur est destiné, et combien doit être grand leur courage et ferme leur volonté. Ces dures épreuves, Louis-Napoléon dût les subir, sans qu'aucunes angoisses ne lui fussent épargnées. A peine âgé de six ans, il commença à manger le pain amer de l'exil.

L'heure à jamais néfaste de 1814 avait sonné, et la trahison, l'ingratitude et le nombre triomphèrent enfin de l'héroïsme et du génie de cet homme immense qui, pendant quinze ans, avait rempli l'univers de l'éclat de ses triomphes et du bruit de ses victoires. Napoléon Ier, prisonnier de l'Europe qui l'avait méconnu, alla tristement mourir à deux mille lieues de la France, sous le ciel de cuivre de ce rocher de Sainte-Hélène, terre ingrate et flétrie, qui n'est restée dans la mémoire des hommes que pour éveiller leurs blasphèmes.

Alors, pour la famille du moderne César, commença sur la terre étrangère une vie de persécution, de deuil et de tristesse, rendue plus affreuse encore par la calomnie et les outrages dont elle fut abreuvée.

La reine Hortense, cette ravissante femme qui, sous le diadème, avait toujours été si affectueuse, si adorable et si simple, rendue forte par les dures épreuves de l'exil, et comprenant toute l'étendue des devoirs que sa qualité de mère lui imposaient, se montra grande et courageuse dans la lutte qu'elle avait à soutenir.

Elle se retira à Augsbourg avec son fils, et se livra tout entière au soin de son éducation, car elle n'avait plus qu'une pensée au cœur, pensée qui absorbait toutes les autres, rendre par une éducation saine, complète et populaire, ce fils, son unique bien désormais, digne du grand nom de Napoléon et des hautes destinées que, dans sa prévision maternelle, elle entrevoyait pour lui dans l'avenir.

Il lui fallait un précepteur capable de comprendre ses idées et de s'associer à sa noble tâche; elle choisit M. Vieillard, ancien officier d'artillerie, aujourd'hui membre du sénat, et qui, sous tous les rapports, était digne de la mission qu'elle lui confiait. Mais la persécution la contraignit en 1824 de quitter la Bavière, et ce fut sur les bords du lac de Constance, au château d'Arenemberg, que son fils compléta enfin son éducation par une étude sérieuse et approfondie des mathématiques, de l'histoire et de la littérature.

Quelques années se passèrent ainsi douces et tranquilles; Louis-Napoléon, dont l'éducation militaire et scientifique était terminée, écrivit deux ouvrages remarquables : *Considérations politiques et militaires sur la Suisse;* et un *Manuel d'artillerie*, dont la publication eut un grand retentissement et lui valut le titre honorifique de citoyen de Thurgovie, et le grade de capitaine d'artillerie dans ce canton. Tout jeune encore, Louis-Napoléon, venait de se révéler au monde comme un grand penseur et un militaire habile. Sur ces entrefaites, la nouvelle de la Révolution de Juillet le réveilla de ses méditations et de ses rêves d'avenir.

Il fut électrisé par cette révolution, si belle de promesses à son principe, et crut, comme tous les grands cœurs qui souffraient et pleuraient dans l'exil, que bientôt se rouvriraient, pour lui comme pour sa famille, les portes de cette France tant aimée et tant désirée. Mais hélas! ses espérances devaient être vite déçues, et il fut cruellement désabusé! Cette fois encore, le peuple avait vaincu pour une autre cause que celle de la patrie, et tous les bénéfices de cette glorieuse insurrection furent, par un subtil tour de main, confisqués au profit de quelques ambitions sans pudeur; les choses restèrent donc ce qu'elles étaient, un nom seul fut changé, et l'exil continua pour la famille de Napoléon, déception d'autant plus cruelle que l'espoir avait été plus grand!

Cependant les glorieuses journées de Juillet avaient eu leur contrecoup en Europe; tous les peuples asservis avaient répondu par un long cri d'espoir au hourra parti des barricades parisiennes : la Belgique, les États Romains et la Pologne s'étaient soulevés contre leurs oppresseurs, eux aussi voulaient être libres.

Louis-Napoléon se trouvait à Rome lorsque la Romagne se leva à ce cri de liberté qui volait de montagnes en montagnes; n'écoutant que la généreuse et téméraire impulsion de la jeunesse, il se jeta dans l'insurrection!

A défaut de la France dont le nouveau pouvoir le repoussait, cette cause sainte de l'Italie, combattant pour son indépendance, n'était-elle pas la plus belle pour un Bonaparte! pour le neveu de cet homme dont chaque pas était inscrit en caractères héroïques et ineffaçables sur cette noble terre.

Il était à peine de retour au château d'Arenemberg et se ressentait encore de ses longues souffrances lorsqu'il reçut une dépêche du gouvernement national de la Pologne, qui soutenait toujours sa lutte héroïque contre la Russie, et l'appelait pour se mettre à la tête de la nation pour l'aider à reconquérir sa liberté; mais il était trop tard; avant que le jeune prince, qui avait répondu avec enthousiasme à cette demande, put arriver jusqu'à elle, la malheureuse Pologne, foudroyée par le colosse moscovite, était tombée en brisant ses armes inutiles et en lançant vers la France un long regard de reproche!

Sur ces entrefaites, le duc de Reischstad, pauvre âme qui ne devait habiter la terre quelques jours que pour faire inscrire un martyr de plus sur le grand livre des iniquités des peuples, s'éteignit après une douloureuse agonie.

Par cette mort, seul héritier de l'empereur Napoléon Ier, le prince Louis vit agrandir son horizon et ses devoirs; la France devint, dès-lors, le but unique de toutes ses pensées; les besoins du peuple, ses souffrances, les soins à apporter pour parvenir à lui donner des jours meilleurs, furent le sujet de ses travaux et de ses méditations. Une vie d'abnégation commença pour lui.

Le monde l'observait; sa circonspection redoubla, et il se plongea avec ardeur dans l'étude de toutes les grandes questions politiques qu'il comptait mettre en pratique plus tard, car lui aussi avait son étoile en laquelle il avait foi; il entrevoyait la couronne qu'il devait ceindre un jour, et se préparait à la porter dignement.

Un trône lui fut offert en Portugal, il le refusa. Il savait que le gouvernement qui pesait sur la France, cette création de quelques hommes sans mandat, subie et non acceptée par la nation, devait tôt ou tard tomber devant l'opinion publique outragée, écrasée par les mêmes pavés qui lui avaient servi de piédestal, et il attendait contraint et résigné ; car son jour devait venir, l'heure devait sonner, et il voulait être prêt à répondre à l'appel de ce peuple, le seul qu'il pouvait aimer et pour le bonheur duquel il n'avait cessé de former des vœux.

Il allait s'emparer de la citadelle de Civita-Castellana, lorsque l'ordre lui arriva de suspendre l'attaque; sans perdre de temps il se porta sur Bologne menacée par les Autrichiens, et après avoir organisé la défense de cette place, il continua la campagne et se distingua souvent, dans des combats d'avant-garde, autant par son bouillant courage que par ses talents militaires.

Ce fut au combat de Forli, cette dernière protestation de la liberté Italienne contre le despotisme Autrichien, que, suivi seulement de quelques cavaliers électrisés par ses paroles et son exemple, il exécuta, contre l'ennemi, ces charges audacieuses qui ne purent, à son grand regret, changer le sort de la jeune Italie; car abandonnée traîtreusement par la royauté de Juillet qui lui avait mis les armes à la main et l'avait poussée à la révolte, elle dut fléchir et reprendre ses fers.

Le prince, *qui* avait en vain cherché la mort sur les champs de bataille, dut fuir, pour échapper aux cachots du Spielberg, et se soustraire aux plombs de Venise, qui le menaçaient. En ce moment terrible, lorsque tous les revers le frappaient à la fois, un coup plus affreux encore devait l'atteindre. Son frère, Napoléon-Louis, qu'il chérissait, et qui avait combattu vaillamment à ses côtés, ne put supporter tant de fatigues, et mourut presque subitement dans ses bras. Louis-Napoléon ne put résister à cette nouvelle douleur: le cœur déchiré de tant de calamités, il tomba dangereusement malade à Ancône. Mais de loin un ange veillait sur lui ; sa tendre mère, faisant trêve à ses larmes, accourut pour sauver le seul fils qui lui restait.

Elle lui fit traverser rapidement l'Italie sous un déguisement, et le conduisit à Paris à travers mille périls, pendant que par ses soins le bruit se répandait partout qu'il avait cherché un refuge en Grèce.

Louis-Napoléon se hâta, à peine arrivé en France, d'écrire au roi Louis-Philippe, pour réclamer l'hospitalité de sa patrie; mais elle lui fut durement refusée, et le proscrit, malade, presque découragé, dût reprendre en pleurant le chemin de l'exil; il partit pour l'Angleterre, et peu à près il revint en Suisse, où il se livra de nouveau à l'étude.

Le prince après avoir longtemps muri ses projets, sonda les esprits, il les vit remplis de malaise et d'incertitude, il savait le joug qui pesait sur le peuple, alors, croyant le moment arrivé, il se mit en relations avec un grand nombre d'hommes éminents et s'efforça de raviver dans leur cœur la foi napoléonienne et de les vouer à sa cause; puis après avoir, dans le plus profond secret, organisé ses moyens d'exécution, le 30 octobre 1836, il entra subitement dans Strasbourg! Le colonel Vaudrey, ce brave et loyal soldat, maintenant général, et qui alors commandait le 4e régiment d'artillerie, se mit à sa disposition et jura de mourir à ses côtés; un instant cette importante place fut prise, l'Empire allait renaître. Tout le monde sait pourquoi cette journée, si heureusement commencée, eut une fin si funeste.....

Vaincu et arrêté, Louis-Napoléon assuma généreusement sur lui toute la responsabilité de cette noble entreprise.

« Je suis prisonnier, dit-il; tant mieux, je ne mourrai pas dans « l'exil! »

Amené à Paris, Louis-Philippe n'osa pas lui donner de juges; il se contenta de le faire conduire au Port-Louis, où une frégate vint le prendre quelques jours après pour le transporter aux États-Unis.

Pendant sa détention, ce fut en vain qu'on essaya de lui arracher la promesse de ne plus rien tenter contre le gouvernement du roi Louis-Philippe. Louis-Napoléon, inébranlable dans ses idées comme dans ses projets, voulut se réserver l'avenir. Ses compagnons, que l'on appelait ses complices, traduits devant la Cour d'assises de Colmar, furent tous déclarés innocents par le jury. La nation applaudit avec enthousiasme à cet arrêt.

Quelque temps après, Louis-Napoléon retourna en Suisse pour recueillir le dernier soupir de sa sainte et tendre mère. Louis-Philippe, qui n'était pas encore revenu du saisissement que lui avait causé l'affaire de Strasbourg, fut tellement effrayé de ce voisinage, qu'il chargea le duc de Montebello, alors ambassadeur près de la Diète helvétique, d'obtenir que le prince fut expulsé du territoire de la république. La Suisse protesta contre cette prétention du gouvernement français et la repoussa avec indignation. Le roi, qui voulait à tout prix obliger le prince à s'éloigner, fit former un camp de vingt mille hommes sur la frontière de la confédération. La Diète arma de son côté, résolue à repousser toute tentative d'invasion sur son territoire. M. de Persigny, dont le nom est synonyme d'honneur, de loyauté et de dévoûment, se trouvait à Lucerne le jour où le gouvernement se prononça pour la résistance; ce fut lui qui demanda au vorort les passeports du prince. Louis-Napoléon, ému des malheurs qu'il pouvait attirer sur cette digne et grande nation, prit la résolution de quitter un pays dans lequel il avait trouvé une si noble et si franche hospitalité. Le vieux roi avait commis l'énorme faute de faire de lui un prétendant assez considérable pour justifier une guerre; le prince, dans cette circonstance, montra autant de finesse et d'habileté que de reconnaissance en s'éloignant du pays où s'était doucement écoulée sa première jeunesse.

Louis-Napoléon se retira en Angleterre et reprit ses études; ce fut alors qu'il conçut et qu'il écrivit le livre *des Idées napoléoniennes*. Cet ouvrage est un exposé de ses doctrines et une apologie vraie et bien entendue de la monarchie de Napoléon Ier, représentée comme émanant directement de la souveraineté du peuple, et régularisant les idées, les faits, les intérêts et les principes consacrés par la révolution de 1789.

Il vivait à Londres, entouré des prévenances et des sympathies de tous, lors de la translation des cendres de son oncle, et certes personne ne ressentit plus vivement et ne fut plus heureux que lui de l'éclatante réception faite par la France aux restes du grand Empereur Napoléon, et ce fut sous l'impression enthousiaste de ce triomphe héroïque qu'il débarqua à Boulogne à la tête de quelques amis dévoués qui, comme lui, souffraient de l'abaissement de la France humiliée par la lâche et honteuse devise de nos gouvernants : *La paix à tout prix, partout et toujours!*

Nous ne dirons rien ici du but et des détails de cette expédition, si digne de toutes les sympathies de la France, et dont aujourd'hui tout le monde connaît les détails.

Fait prisonnier pour la seconde fois, Louis-Napoléon fut traduit devant la Chambre des pairs constituée en Cour de justice, et, après de longs et pénibles débats, le prince, malgré son calme, sa dignité et son abnégation, fut condamné à une prison perpétuelle par ces mêmes juges qui, s'il eut réussi, eussent été les premiers à acclamer sa victoire et à se ranger sous son drapeau!

Conduit au château de Ham, l'espoir ne l'abandonna point; au contraire, il eut plus que jamais foi dans son étoile. Pendant près de six ans, en compagnie du général Montholon et du docteur Conneau, les deux amis fidèles qui partageaient sa captivité, il fut toujours plus grand que l'adversité et jamais une plainte ne sortit de sa bouche, plus heureux de souffrir dans une prison française que de vivre libre loin de cette patrie qu'il adorait.

Pendant ces longues années de souffrance si tristes et si monotones, il sut se procurer de douces consolations par l'étude et la culture des fleurs, rêvant toujours cet avenir qui semblait si loin de lui.

En 1846 il apprit que son père mourant ne formait qu'un vœu, l'embrasser avant de mourir; le prince alors demanda l'autorisation au roi d'aller recevoir les derniers adieux et de fermer les yeux de son père, s'engageant sa parole d'honneur que ce devoir accompli il reviendrait se constituer prisonnier. Louis-Philippe refusa. C'en était trop; de ce moment son parti fut pris, sa fuite résolue; en effet, le 20 mai, déguisé en ouvrier, Louis-Napoléon sortit du fort de Ham et passa en Angleterre.

Deux ans s'écoulèrent. Le 24 février arriva. Cette révolution que le prince avait prévue éclata; il accourut à Paris, croyant qu'il lui serait enfin permis de servir la France. Le gouvernement provisoire s'alarma, lui fit insinuer de retourner en Angleterre; et le prince croyant obéir à la volonté de la nation, reprit le chemin de l'exil. Mais les temps étaient changés, le peuple voulait enfin profiter de sa victoire, et la France protesta énergiquement contre cette proscription injuste du seul homme qui pouvait et voulait la sauver : deux cent mille suffrages, deux fois jetés dans l'urne, le rappelèrent à Paris.

Sa présence à l'Assemblée produisit une sensation profonde, on allait enfin le connaître ! N'ayant pu parvenir à l'éloigner, les fauteurs de désordre intriguèrent et s'agitèrent pour le perdre dans l'opinion du peuple ; il resta sourd aux calomnies, et aux provocations, et posa sa candidature à la présidence de la République, dans un manifeste aussi remarquable par l'élévation des idées que par la franchise et l'énergie des sentiments ; enfin, le 10 Décembre, la France lui prouva la confiance qu'elle avait en lui par six millions de suffrages.

Ce vote était significatif. La France voulait, désormais, veiller par elle-même à son bonheur et à son avenir, et pour cela elle donnait son mandat à l'homme qui, par sa vie passée, sa position présente et son caractère bien connu, lui offrait les garanties de grandeur, de progrès et de richesse qu'elle aurait vainement attendu des ambitieux qui l'avaient égarée.

Il est inutile de faire ici le résumé des deux années qui suivirent, tout le monde sait que la conduite ferme, mesurée, toujours digne de Louis-Napoléon a sauvé le pays de malheurs inouis et incalculables jusqu'au moment où l'empire fut proclamé.

Il fallait à la France un gouvernement stable, qui ne fût pas le jouet de quelques intrigants et qui put inspirer la confiance en rejetant dans l'oubli ces théories absurdes que chaque jour voyait naître et qui jetaient le trouble et la crainte dans les masses. Peu à peu, le parti réactionnaire était arrivé à tenir presque tous les pouvoirs dans ses mains; le moment était proche où l'élu de la nation allait se trouver à la merci de ces gens sans patrie, sans foi et sans honneur, pour lesquels le pays n'est rien et les intérêts personnels sont tout. Une dernière partie restait à jouer. Le Président de la République, fort de ses droits et certain que le pays marcherait avec lui, prit l'initiative. Le 2 décembre fut fait...

Avec quelle énergie et quelle fermeté fut exécuté ce coup d'état; l'histoire le dira et y reconnaîtra une influence providentielle!

Un pas restait encore à faire. Le rétablissement de l'empire fut proposé à la France, qui répondit par 7,824,189 suffrages, vote inoui dans l'histoire des peuples, et qui prouve que les masses sont intelligentes et qu'une nation entière ne peut se tromper!

Sa Majesté Napoléon III fut proclamée le 2 décembre 1852, alors tout changea, l'espérance rentra dans les cœurs, le travail reprit, la conversion de la rente s'opéra, d'immenses travaux furent mis en voie d'exécution, et l'élu de la nation, heureux du bien qu'il a fait et de celui qu'il a encore l'intention de faire, marche aujourd'hui avec confiance dans la voie qu'il s'est tracée pour le bonheur de tous.

Mais asseoir le gouvernement sur de fortes bases ne lui suffisait pas, il voulut lui donner des garanties de durée en assurant à la France, par un mariage, un héritier de ses grandes idées et de ses nobles projets; et comme toutes ses actions ont pour but le bonheur de la nation, l'Empereur mit de côté les idées d'alliance diplomatique de ses devanciers, et comme il l'a dit lui-même, « il renonce à « ces unions royales qui créent de fausses sécurités et substituent « souvent l'intérêt de la famille à l'intérêt national. »

Le 22 janvier 1853, Sa Majesté annonçait aux trois grands corps de l'État son mariage avec dona Maria Eugenia de Gusman y porto Carrero.

Loin de renier son origine populaire, il adopta franchement pour son mariage le titre et la position d'un souverain parvenu, cette abnégation le rendit plus sympathique au peuple et imposa à l'étranger.

L'Empereur disait, en parlant de la nouvelle impératrice, dans son message au sénat :

« Celle qui est devenue l'objet de ma préférence est d'une nais-
« sance élevée. Française par le cœur, par l'éducation, par le sou-
« venir du sang que versa son père pour la cause de l'Empire, elle
« a comme espagnole l'avantage de ne pas avoir en France de fa-
« mille à laquelle il me faille donner honneurs et dignités. Douée de
« toutes les qualités de l'âme, elle sera l'ornement du trône, comme
« au jour du danger elle deviendrait un de ses courageux appuis.
« Catholique et pieuse, elle adressera au ciel les mêmes prières que
« moi pour le bonheur de la France! Gracieuse et bonne, elle fera
« revivre, dans la même position, j'en ai le ferme espoir, les ver-
« tus de l'impératrice Joséphine. »

Heureuse et noble idée que celle de rattacher le nom de l'Impératrice Eugénie au nom de celle que son dévouement a fait jadis nommer par le peuple le bon ange de l'Empire!

Sa Majesté l'Impératrice Eugénie, comtesse de Teba, est née à Grenade en 1828, du comte de Montijo, grand d'Espagne, et de dona Maria Manuela Kirkpatrick de Close Burn, comtesse douairière de Montijo, de Miranda, Baños y Mora, duchesse de Peñaranda.

La famille de Montijo descend de l'illustre maison de Gusman, dont l'origine se perd dans la nuit des temps ; plusieurs branches de cette famille ont joué un rôle considérable dans l'histoire, et sont à juste titre célèbres, entr'autres les ducs de Medina de Las Torres, de Medina Sidonia, d'Olivarès, etc.

L'Impératrice est la seconde femme que la maison de Gusman fait monter sur un trône. En 1633, doña Louisa-Francesca de Gusman, fille de Juan Perez de Gusman, huitième duc de Medina Sidonia, épousa le roi de Portugal, don Juan IV de Bragance.

Lorsque Napoléon Ier entra en Espagne, en 1808, le second fils du comte de Montijo, alors comte de Teba, embrassa avec enthousiasme le parti de la France. Doué de grandes qualités, il servit avec distinction dans l'armée française avec le grade de colonel d'artillerie, et assista à la sanglante bataille de Salamanque, où il perdit un œil et eut une jambe fracassée; il fit la campagne de 1814 avec distinction. Napoléon Ier, qui se connaissait en hommes de talents, l'avait nommé général, et lors de la défense de Paris, il lui confia le tracé des fortifications qui devaient protéger la capitale. Le comte de Montijo, qui aimait passionnément la France, ne voulut pas l'abandonner dans la lutte qu'elle soutenait contre l'Europe entière, et fut un des derniers à remettre l'épée dans le fourreau. Il mourut en 1839 à Madrid, où il s'était retiré après les désastres de 1815; estimé et chéri de tous ceux qui purent l'apprécier et eurent l'honneur d'être admis dans son intimité.

En mourant le comte laissait deux filles, dans lesquelles semblaient renaître ses nobles sentiments; l'aînée, dona Francesca de Sales, comtesse de Montijo et duchesse de Peñaranda, dont nous ne parlerons pas ici, fut unie en 1845 au duc de Berwick et d'Albe, héritier de ce fameux duc d'Albe, le terrible lieutenant de Philippe II en Flandre.

La seconde, la comtesse Eugénie de Téba, vient, pour le bonheur de la France, de monter sur le trône et de s'asseoir auprès de Napoléon III, fortune inouie, mais justifiée par ces rares qualités.

Elle n'avait pas franchi les degrés du trône, sa bouche venait à peine de prononcer ce serment qui la liait à la France et à l'homme de génie qui l'élevait jusqu'à lui, que déjà sa sollicitude s'étendait sur les Français. Nous ne rapporterons ici qu'un trait entre mille de la noblesse, du désintéressement et de la véritable bienfaisance qui forment le fond de son caractère en publiant la lettre suivante qu'elle écrivit au préfet de la Seine en réponse à l'hommage d'une parure de diamants que lui offrait la ville de Paris.

Les femmes seules pourront comprendre ce qu'il faut d'héroïsme et de véritable charité pour refuser un collier de 600,000 fr.

« Monsieur le préfet,

« Je suis bien touchée d'apprendre la généreuse décision du con-
« seil municipal de Paris qui manifeste ainsi son adhésion sympa-

« thique à l'union que l'Empereur contracte. J'éprouve néanmoins « un sentiment pénible en pensant que le premier acte public qui « s'attache à mon nom au moment de mon mariage soit une dépense « considérable pour la ville de Paris.

« Permettez-moi donc de ne point accepter votre don quelque « flatteur qu'il soit pour moi; vous me rendrez plus heureuse en « employant en charités la somme que vous aviez fixée pour l'achat « de la parure que le conseil municipal voulait m'offrir. Je désire « que mon mariage ne soit l'occasion d'aucune charge nouvelle pour « le pays auquel j'appartiens désormais, et la seule chose que j'ambitionne « c'est de partager avec l'Empereur l'amour et l'estime du « peuple français.

« Je vous prie, Monsieur le Préfet, d'exprimer à votre conseil « toute ma reconnaissance et de recevoir pour vous l'assurance de « mes sentiments distingués. »

« EUGÉNIE,

« *Comtesse de Teba.* »

Désirant se conformer à des intentions si noblement et si délicatement exprimées, les 600,000 francs destinés à l'achat de cette parure ont été affectés par le conseil municipal de Paris à la fondation d'un établissement où de jeunes filles pauvres doivent recevoir une éducation professionnelle, et d'où elles ne sortiront que convenablement placées : cet établissement sera placé sous la protection de l'Impératrice Eugénie.

Combien d'archi-duchesses et de princesses n'auraient pas cédé à ce cri du cœur, combien n'auraient pas eu cette exquise bonté !

Aussi le peuple se presse-t-il partout où passe l'Impératrice, pour la bénir et lui prouver qu'il tient compte des nobles actions.

Leurs Majestés ont été solennellement mariées le 31 janvier 1853, à l'église de Notre-Dame.

La beauté de l'Impératrice est majestueuse et sympathique. Sa taille est souple et élevée, ses épaules magnifiques, ses cheveux, de ce blond doré qui accuse le sang écossais, révélé d'ailleurs par un teint d'une blancheur éclatante et par des yeux d'un bleu profond ; la finesse aristocratique des extrémités, la majesté de la démarche décèlent le sang espagnol ; la bouche, dont le dessin est parfait et sur les lèvres roses de laquelle semblent toujours se jouer un charmant sourire, est garnie de dents magnifiques et admirablement rangées, l'arc un peu élevé des sourcils ajoute à la grandeur de l'ensemble et donne de l'expression à sa physionomie.

Sa Majesté l'Empereur Napoléon III est de taille moyenne, mais bien prise ; ses manières sont simples et nobles ; il a en lui quelque chose de sympathique qui attire et qui attache ; son regard et son sourire disent la bonté de son cœur ; son calme indique l'homme qui médite sans cesse. Il a une grande puissance de volonté ; il voit vite au fond des hommes et des choses ; quelle que soit sa première impression, il en revient rarement ; sa foi en Dieu est vraie, vive et profonde ; comme son oncle, il est très-sobre et travaille beaucoup, ne donnant au sommeil que le temps strictement nécessaire ; sa parole est simple, ferme et rapide. Son style a les mêmes qualités ; il fait tout par lui-même, et veut tout savoir afin de tout surveiller ; enfin, Boulay (de la Meurthe), dont la loyauté et la franchise ne permettent pas le doute, a dit de lui lorsqu'il n'était encore que président de la république : « *C'est le plus honnête homme que je connaisse.* »

Quel éloge plus grand peut-on faire d'un homme et d'un souverain !

Nous dirons en terminant qu'il y a dans tous les actes de l'Empereur jusqu'à ce jour, une liberté d'action et une franchise qui font bien présager de l'avenir d'un règne qui commence à peine et qui pourtant est déjà si riche de souvenirs !

S. A. I. LE PRINCE JÉROME.

Né à Ajaccio le 15 décembre 1784, le roi Jérôme était le plus jeune, et est aujourd'hui le seul survivant des quatre frères de l'empereur Napoléon Ier.

Après avoir souffert trente-trois ans dans l'exil, ce prince, qui avait vu se dérouler devant lui dans leurs magiques splendeurs toutes les sublimes péripéties du grand drame de l'empire, devait assister au rétablissement de la dynastie napoléonienne, et voir avec quel élan et quel enthousiasme la nation entière, trompée dans ses espérances de liberté, se réfugierait dans sa détresse sous ce nom de Napoléon, qui lui rappelait tant de nobles souvenirs.

Le roi Jérôme entrait à peine dans sa neuvième année, lorsque sa famille en butte à la haine de Paoli fut contrainte d'abandonner la Corse et de venir se réfugier à Marseille, où elle s'établit vers la fin de 1793. A cette époque, l'étoile radieuse de Napoléon ne brillait pas encore au ciel, et rien ne faisait présager qu'elle dût se lever un jour, la terreur étendait sur la France décimée son lugubre linceul et, partie d'Ajaccio en toute hâte et sans prendre le temps de rassembler les restes épars de la modeste fortune qu'elle possédait, la famille du futur conquérant de l'Europe eut à souffrir de dures privations pendant les premières années de son séjour en France.

Le collége de Juilly, où furent élevés tant de personnages qui plus tard ont brillé dans la politique ou dans l'armée, reçut en 1796 le jeune Jérôme, alors âgé de douze ans; doué d'un esprit vif et d'une grande aptitude, il se livra avec ardeur à l'étude des sciences, et au bout de trois ans il fut assez instruit pour sortir du collége.

Le nom de Napoléon avait grandi, et le dix-huit brumaire venait de placer le vainqueur de l'Italie et de l'Egypte à la tête du gouvernement de la république; notre gloire, compromise un moment par le Directoire, allait revenir sous nos drapeaux. Malgré sa jeunesse, Jérôme Bonaparte demanda au premier consul l'autorisation de faire sa première campagne sous les ordres du général Leclère, son parent, qui venait d'être nommé au commandement de cette malheureuse expédition de Saint-Domingue, pendant laquelle il devait mourir si misérablement.

Le prince Jérôme avait dix-huit ans, et pourtant malgré cet âge si tendre il supporta les fatigues, les privations et les dangers de cette campagne avec un courage digne d'éloges, et mainte fois, dans ces combats corps à corps qui se livraient dans tous les coins de l'île, il déploya une intrépidité inouie et un sang-froid extraordinaire. Après un assez long séjour à Saint-Domingue, le général en chef le chargea de dépêches importantes pour le gouvernement et l'envoya en France.

Aussitôt son arrivée il remplit sa mission avec intelligence, et fut, sur sa demande, embarqué comme lieutenant de vaisseau à bord du brick l'*Epervier*, et envoyé à la Martinique où il reçut l'ordre d'établir une croisière devant l'île de Tabago.

Mais notre marine, si belle et si redoutable sous Louis XVI, et qui maintes fois avait lutté avec avantage et disputé souvent la souveraineté des mers à la nation anglaise, était anéantie. La Convention nationale, occupée continuellement à réprimer les séditions populaires et à soutenir la guerre contre tous les rois de l'Europe, que la Révolution française faisait chanceler sur leurs trônes, ne put s'occuper de faire construire des vaisseaux pour remplacer ceux que la trahison avait livrés à l'ennemi, et il lui fut impossible d'organiser une marine assez forte pour balancer la puissance britannique dans les mers américaines; à cette époque, le nombre de nos bâtiments de guerre était, numériquement parlant, de beaucoup trop inférieur pour que nous pussions tenir la mer devant les escadres anglaises.

Le brick l'*Epervier* fut donc contraint, bien malgré lui, d'interrompre sa croisière et de se réfugier à New-York, pour ne pas être amariné par les frégates ennemies qui lui donnaient la chasse.

Agé de vingt ans à peine, le jeune lieutenant de vaisseau, doué de cette fiévreuse impatience qui est un des traits les plus saillants de son caractère, et passionné comme un enfant de la Corse, fit connaissance, par hasard, avec miss Paterson, fille d'un riche négociant de Baltimore, jeune fille d'une grande beauté et d'un charmant naturel, dont il tomba éperdûment amoureux; et le 27 décembre 1803 il l'épousa, quoiqu'il fut mineur, sans avoir obtenu, ou pour mieux dire, sans avoir songé à demander à sa famille le consentement nécessaire pour conclure ce mariage.

Napoléon venait d'échanger la dignité consulaire contre la couronne impériale, et il fut extrêmement blessé de la légèreté que son frère avait montré dans cette affaire. Le nouvel Empereur qui, dans ses rêves d'avenir, entrevoyait déjà la haute puissance à laquelle il devait bientôt arriver, et qui songeait peut-être à doter ses frères de ces couronnes que plus tard il plaça sur leur tête, témoigna un vif mécontentement au prince Jérôme, et malgré sa noble résistance, il fit casser et annuler son mariage. Le jeune prince ressentit un grand chagrin de cette rupture et en souffrit longtemps, car il aimait réellement miss Patterson, qui, du reste, était digne, par ses nobles qualités, de l'amour profond qu'il lui avait voué.

L'Empereur Napoléon Ier accorda au prince Jérôme le grade de capitaine de vaisseau, à son retour d'Alger, où il fut envoyé en mission près du dey, en 1805, mission qu'il remplit avec beaucoup de talent et de sagacité.

En 1806, il reçut le commandement d'une escadre de huit vaisseaux, et se rendit à la Martinique, où il arriva après avoir mis en défaut, grâce à ses connaissances maritimes et à son intrépidité, l'active surveillance des croisières anglaises, auxquelles il réussit à donner le change. Cette campagne lui valut le grade de contre-amiral; et nul doute que le prince Jerôme ne fût parvenu à se rendre célèbre et à prendre rang parmi nos meilleurs marins, s'il n'avait, à cette époque, quitté la marine pour entrer dans l'armée de terre, dont, depuis longtemps, il désirait faire partie, et dont les brillants faits d'armes excitaient son courage et son ambition.

L'Empereur lui donna le commandement d'un corps de Wurtembergeois et de Bavarois, et le jeune prince, heureux de pouvoir se signaler sous les yeux de son frère, conquit à la pointe de son épée, par des prodiges de valeur, le grade de général de division dans la campagne de Silésie.

Après la capitulation de Breslaw dont les Russes avaient brûlé les faubourgs avant leur départ, le prince Jérôme se distingua par le dévouement qu'il mit à secourir les victimes de l'incendie.

Peu de temps après le traité de Tilsitt, qui suivit et fut la conséquence de la terrible et décisive bataille de Friedland, le roi de Wurtemberg, le seul de tous les souverains de l'Europe qui, dans la bonne comme dans la mauvaise fortune, resta toujours l'allié fidèle de Napoléon Ier et ne l'abandonna jamais, donna la main de sa fillle Frédérique-Catherine au prince Jérôme, pour le remercier de la gloire qu'il avait fait rejaillir sur ses soldats pendant qu'il les avait commandés. Le mariage fut célébré le 22 août 1807.

L'Empire avait atteint son plus haut degré de splendeur et de gloire : Napoléon, qui avait à sa suite une cour composée de presque tous les rois de l'Europe, était véritablement le maître du monde et l'arbitre suprême de tous ces souverains qui rampaient à ses pieds, et plus tard devaient si lâchement le trahir pour se venger de son génie. Jérôme seul restait à doter : l'Empereur tailla dans la carte d'Europe un royaume aux dépens de la Prusse, du Hanovre et de la Hesse, et proclama son frère roi de Westphalie, en lui donnant Cassel pour capitale.

Le nouveau roi n'avait que vingt-trois ans, et pourtant, dès qu'il monta sur le trône, il se mit à la hauteur de la nouvelle et si étrange position dans laquelle il se trouvait. Il s'appliqua à connaître les besoins des peuples qu'il était appelé à gouverner, fit de bonnes lois, créa des institutions utiles, et parvint en peu de temps à se faire chérir de ses sujets, qui furent bientôt à même d'apprécier tout ce que son cœur renfermait de sentiments nobles et généreux. L'Empereur qui, à cause de la jeunesse du roi Jérôme et de son inexpérience supposée, s'était réservé la haute main dans les affaires importantes de ses États, ne fut presque jamais obligé de s'en occuper; et à travers quelques habitudes peut-être un peu trop fastueuses de son frère, il découvrit facilement de précieuses qualités royales, une grande entente des affaires, et le coup-d'œil sûr et profond qui fait l'homme politique. Ce qui prouve ce que nous avançons, c'est que, à Sainte-Hélène, lorsque l'Empereur se livra à l'appréciation rétrospective des hommes de son époque, il dit du roi de Westphalie, dans le *Mémorial* : « Je découvrais dans Jérôme de véritables espérances. »

Ces paroles, dites par Napoléon, ne sont-elles pas un éloge sur un prince si jeune encore, et qui était à l'âge où, d'ordinaire, l'ambition sommeille et ne laisse de place dans le cœur d'un homme que pour le plaisir?

Lorsque l'empereur Napoléon Ier eut résolu cette guerre de Russie qui devait compter de si éclatants triomphes et de si terribles revers, le roi Jérôme, fatigué du repos dont il jouissait à Cassel, sa capitale, sollicita de son frère l'honneur de partager les périls et la gloire de cette campagne et de faire partie de cette Grande-Armée, chargée de refouler la barbarie russe dans les steppes glacées de son empire. L'Empereur lui accorda sa demande et lui donna le commandement du huitième corps.

Comme toujours, le roi Jérôme se distingua en maintes circonstances pendant cette guerre d'extermination. Sa conduite fut digne d'éloges, surtout à Ostrowa et à Mohilow, où il manœuvra comme un vieux général.

De retour dans sa capitale, il fut forcé de la quitter le 26 octobre 1813 et d'abandonner son royaume dont les alliés s'étaient emparés.

Après l'abdication de Napoléon Ier, le roi Jérôme se retira à Venise où il habita jusqu'au 20 mars, époque du retour miraculeux de l'Empereur à Paris.

Pendant les Cent-Jours, il fut membre de la Chambre des Pairs;

mais lorsque Napoléon partit pour ouvrir en Belgique la campagne contre les souverains de l'Europe, qui, à la nouvelle du retour de l'île d'Elbe, s'étaient réunis de nouveau pour abattre le géant qui si longtemps les avait fait trembler, le roi Jérôme se souvint qu'il était prince français, et il accompagna l'Empereur pour partager ses périls.

A la funeste bataille de Waterloo, que la trahison seule nous fit perdre après douze heures de victoire, le roi Jérôme fit preuve d'une héroïque bravoure.

Au moment où le fatal cri de *Sauve qui peut !* poussé par quelques traîtres et répété par des soldats en désordre, se fit entendre, que les lignes se rompirent, que les rangs se mêlèrent et que la déroute commença, le prince, s'élançant au plus épais des bataillons ennemis, poussa ce cri sublime : « *C'est ici que doit mourir tout ce qui s'appelle Bonaparte!* »

La mort ne voulut pas de lui; il dut se résigner à survivre à cette effroyable défaite.

Le prince, cependant, réussit à sauver un corps de vingt-cinq mille hommes et cinquante pièces de canon dont il prit le commandement et qu'il conduisit sous les murs d'Avesnes après les avoir réunis à la garde impériale sous les ordres des généraux Morand et Colbert.

Après le départ de Napoléon pour Rochefort, le roi Jérôme se retira auprès du roi de Wurtemberg, son beau-père, qui lui donna pour résidence le château d'Elvangen. Ce fut alors qu'il prit le titre de comte de Montfort.

La Révolution de février 1848 lui rouvrit les portes de la France, et il se hâta de se rendre à Paris, accompagné de son fils, le prince Napoléon-Joseph-Charles-Paul Bonaparte, maintenant prince impérial et grand-cordon de la Légion-d'Honneur, et qui, à cette époque, fut élu représentant de la Corse à l'Assemblée Constituante.

Sa Majesté l'empereur Napoléon III, après son élection à la Présidence de la République, le 10 décembre 1848, nomma le roi Jérôme, son oncle, gouverneur de l'Hôtel-des-Invalides et maréchal de France.

La nuit qui précéda le coup d'état du 2 décembre, le Président de la République, d'après ce que rapporte un biographe, le prévint du grand événement qui se préparait pour le lendemain par un billet qui finissait ainsi : « *Je sortirai vainqueur de la lutte ou je me ferai tuer.* » Le roi Jérôme ne répondit que cette phrase digne d'un Spartiate : « *Mon neveu, je me rends à l'instant auprès de vous pour vous seconder ou mourir avec vous.* »

Le roi Jérôme ressemble beaucoup de taille et de visage à l'empereur Napoléon Ier, et, malgré ses soixante-neuf ans, son esprit est aussi vif et aussi ardent que dans sa jeunesse.

Le 28 novembre 1836, il a eu la douleur de perdre sa femme, Frédérique-Catherine-Sophie-Dorothée, sœur de Sa Majesté le roi régnant de Wurtemberg.

Sa fille, Mathilde-Lætitia-Wilhelmine, princesse de Montfort, a été mariée en 1841 au prince Anatole Demidoff.

Le fils que le roi Jérôme avait eu de son premier mariage avec miss Patterson a épousé mis Gay et a fondé à Baltimore, aux Etats-Unis d'Amérique, une opulente maison de commerce qu'il gère avec un grand talent, et dont la prospérité s'accroît tous les jours.

Par un décret en date du 28 janvier 1852, Sa Majesté le roi Jérôme a été nommé président du Sénat.

Après une vie entièrement passée à servir la France, il jouit enfin d'une heureuse vieillesse au sein de sa patrie, entouré de sa famille qui le chérit, et des Français qui sont heureux de le voir de retour parmi eux pour ne plus les quitter.

LE GÉNÉRAL COMTE D'ORNANO,

GOUVERNEUR DES INVALIDES.

La famille du comte d'Ornano est, à juste titre, une des plus célèbres de la Corse ; elle a fourni à la France deux maréchaux, renommés par leurs talents et leur bravoure éclatante, et qui jouèrent un grand rôle politique, sous les règnes des rois Henri IV et Louis XIII.

Fils de Louis d'Ornano et d'Isabelle Bonaparte, cousine germaine de Charles Bonaparte, père de l'empereur Napoléon Ier, le comte d'Ornano est parent par alliance de Sa Majesté Napoléon III.

Il naquit à Ajaccio, le 17 janvier 1784.

Entraîné par une vocation irrésistible et brûlant de marcher sur les traces de ses illustres ancêtres, il embrassa la carrière militaire à l'âge de seize ans, et entra comme sous-lieutenant au 9e régiment de dragons. Ses débuts furent heureux, car il eut l'honneur de faire ses premières armes à ce combat de géants qui sera à jamais célèbre sous le nom de bataille de Marengo.

Le général Leclerc, son parent, nommé chef de l'expédition de Saint-Domingue, ayant reconnu de grandes qualités militaires au jeune d'Ornano, le prit pour aide de camp et l'emmena avec lui malgré sa jeunesse. Sa conduite fut toujours digne des plus grands éloges, et souvent il se distingua pendant cette guerre désastreuse qui coûta tant de sang à la France.

Il revint en Europe après l'évacuation de l'île par nos troupes, et commandait à Austerlitz les chasseurs Corses. Sa valeur sans égale lui valut la croix d'officier de la Légion-d'Honneur sur le champ de bataille. Elle lui fut donnée devant toute l'armée qui applaudit à cette récompense si bien méritée.

A Iéna, il fut nommé colonel du 25e régiment de dragons, et fit

en cette qualité les campagnes de Prusse et de Pologne, pendant lesquelles il trouva maintes fois l'occasion de se distinguer.

Il fit une partie de la guerre d'Espagne, sous les ordres du maréchal Ney, qui sut apprécier son mérite et qui, reconnaissant la valeur avec laquelle il combattit pendant cette guerre d'extermination, le cita avec honneur dans ses rapports. Au combat d'Alba de Tormès, il enleva à l'ennemi quatre pièces de canon, après des prodiges de valeur. Ses brillants faits d'armes au combat de Fuentès d'Oñoso le firent nommer général de brigade.

L'empereur Napoléon Ier se préparait à entreprendre cette campagne de Russie qui fut, hélas! si funeste à l'Empire et à son illustre chef, il rappela auprès de sa personne ses meilleurs officiers, sentant que le moment était venu de frapper un coup terrible; dans une telle circonstance le général d'Ornano ne pouvait être oublié, il fut donc obligé de quitter l'Espagne où il avait tant et si glorieusement combattu, pour faire partie de cette grande et valeureuse armée que les glaces de la Russie devaient engloutir presque tout entière au milieu de ses triomphes.

Le général d'Ornano commandait toute la cavalerie du 4e corps à la bataille de la Moskowa, et fut promu au grade de général de division. Le maréchal Ney, qui, certes, se connaissait en hommes et savait apprécier le mérite, s'exprima ainsi dans son rapport sur les opérations de cette journée qui pour lui fut si glorieuse, puisqu'elle lui valut le titre de prince de la Moskowa : « La cavalerie du général d'Ornano a rendu les plus grands services, et aucun officier général n'a fait son devoir mieux que lui. »

Quel plus bel éloge peut-on faire d'un homme dont la modestie égala toujours le mérite?

L'empereur Napoléon Ier qui, quoi qu'on en ait dit, ne fut jamais jaloux de ses lieutenants, et se plut toujours au contraire à leur rendre la justice qui leur était due, aimait beaucoup le général d'Ornano, et lui en donna souvent des preuves.

A la bataille de Malojaroslavetz, l'un des plus brillants faits d'armes de la campagne de 1812, et pendant laquelle le général d'Ornano se distingua d'une manière éclatante aux yeux de toute l'armée, l'Èmpereur, s'adressant à lui et au prince Eugène, vice-roi d'Italie, leur dit ces paroles : « Messieurs, l'honneur de cette journée vous appartient tout entier. » Ceci n'a pas besoin de commentaires.

Le général d'Ornano dut à un véritable miracle, et au dévouement de M. Delaberge, son aide de camp, de ne pas rester enseveli sous les glaces de la Russie.

Pendant la bataille de Krasnoë, il fut atteint par un boulet qui le renversa de cheval, et fut laissé pour mort sur le champ de bataille. Pour que son cadavre ne fût point dévoré par les loups, le vice-roi ordonna qu'il fut enterré sous la neige. Le temps pressait, et M. de Tarches, aide de camp du vice-roi, avait déjà commencé à mettre cet ordre à exécution, lorsque survint M. Delaberge. Ce brave officier, qui adorait son général, ne voulut pas abandonner son corps sur cette terre ennemie, et ne consultant que son dévouement, sans réfléchir aux difficultés insurmontables pour le rapporter en France à sa famille, il le plaça en travers, sur son propre cheval, et partit au galop. Quelques minutes plus tard, rappelé à lui par le mouvement du cheval, le général donna de légers signes de vie, et à force de soins on parvint à le sauver.

L'on frémit quand on pense qu'il s'en est fallu de si peu qu'il ne fut enterré vivant!

Remis de ses blessures, le général d'Ornano fit la campagne de 1813 à la tête de la première division de la garde, et le commandement de toute la cavalerie de la vieille garde lui fut donné à la mort du maréchal Bessières, tué si glorieusement.

Ce fut surtout en 1814 que le général d'Ornano montra ce que l'intrépidité, alliée à l'amour de la patrie, peut produire de dévouement en couvrant Paris avec les réserves de la garde impériale, et en coopérant d'une manière éclatante à cette lutte de géants qui fut la compagne la plus glorieuse de cette ère de Titans, que l'on nomme l'Empire, et qui restera sans égale dans l'histoire des peuples.

Sa fidélité à l'empereur Napoléon Ier ne se démentit jamais, et ce fût sans que sa conscience lui adressât des reproches, qu'il reçut en pleurant les derniers adieux de la noble victime que la haine des rois venait d'immoler.

C'est à juste titre qu'on le voit figurer dans le tableau d'Horace Vernet, qui représente cette douloureuse page de notre histoire, ces adieux de Fontainebleau, qui coutèrent tant de larmes à la France; car c'était sa grandeur, sa nationalité, qui partaient pour céder la place à ces Bourbons qui n'avaient rien *oublié ni rien appris*, et qui devaient pendant quinze ans peser sur la France et la couvrir d'un vaste linceul en reniant toutes ses gloires.

Une blessure grave qu'il reçut en duel ne permit pas au général d'Ornano de prendre une part active aux événements de cette épopée sublime que l'histoire nomma les Cent-Jours; mais, malgré son inaction, comme tous les héros de l'Empire, il devait subir le sort des vaincus, le roi Louis XVIII le fit, quoique malade encore, arrêter dans son lit et enfermer à l'Abbaye, d'où il ne parvint à sortir qu'en consentant à quitter la France et à se rendre en Belgique. Ce fut pendant cet exil qu'il épousa la comtesse Walewska, veuve du comte polonais Colonna Walewski et fille du staroste Leczinski.

Enfin, en 1817, il obtint de rentrer dans sa patrie, mais quelque temps après il eut la douleur de perdre sa femme qu'il adorait.

Le comte d'Ornano fut, pendant la restauration, éloigné des affaires publiques; et pourtant, en 1828, le roi Charles X, qui rendait justice à ses talents militaires, le chargea d'inspecter la cavalerie, et lui donna le cordon rouge en récompense de cette mission.

A la révolution de 1830, cédant aux prières de ses amis, il reparut aux affaires, et fut nommé au commandement de la 4e division militaire, dont le siége est à Tours; il conserva ce poste jusqu'à la révolution de 1848, époque à laquelle cette division ayant été supprimée; il donna sa démission au ministre par une lettre pleine de dignité et de véritables sentiments patriotiques. Nommé pair de

France en 1832, le comte d'Ornano avait siégé plusieurs fois avec distinction dans cette assemblée.

Après 1848, il fut envoyé à l'assemblée nationale et à l'assemblée législative, par la reconnaissance des habitants d'Indre-et-Loire, qui, pendant dix-huit ans qu'il commanda les forces militaires de ce département, avaient pu apprécier ses hautes capacités, et son dévouement à toute épreuve aux intérêts de la nation.

Il fut nommé grand officier de la Légion-d'Honneur le 18 avril 1834, et promu au grade de grand'croix par décret de Monseigneur le prince président de la République, en date du 5 avril 1850 ; le 18 août 1852, le général d'Ornano fut élevé, par Sa Majesté l'empereur Napoléon III, à la dignité du grand chancelier de l'ordre impérial de la Légion-d'Honneur, puis nommé sénateur et tout récemment gouverneur des Invalides.

Son nom figure sur l'Arc-de-Triomphe parmi ceux de ses compagnons de gloire.

Le général d'Ornano est un de nos meilleurs et de nos plus intrépides généraux de cavalerie ; il a fait de cette arme une étude approfondie et fut l'émule et souvent le rival heureux des Murat, des Rapp et des Bessières ; sa carrière est une des plus glorieuses et des plus noblement remplies que l'histoire aura à enregistrer.

ALEXANDRE DUMAS.

HOMME DE LETTRES.

L'écrivain est heureux lorsque, sons sa plume, se rencontre un nom comme celui placé en tête de cette biographie. Ce nom, du reste, est, à juste titre, un des plus populaires de l'Europe. Auteur dramatique, poète ou romancier, Alexandre Dumas a su par son génie conquérir une place que la postérité, toujours juste, lui conservera.

Faire la biographie de cet homme célèbre est une tâche, sinon au-dessus de nos forces, du moins très-difficile pour nous, après ce que ce spirituel écrivain raconte lui-même de sa vie, avec le style que tout le monde connaît. Notre but ici est donc simplement de répondre aux exigences de ce public qu'il charme depuis si longtemps, et qui veut enfin connaître l'homme auquel il doit tant de doux loisirs.

Alexandre Dumas, Davy de la Pailleterie, est né à Villers-Cotterets (Aisne), le 24 juillet 1802, par un étrange hasard, dans la chambre même où, deux ans auparavant, Desmoustier, l'auteur des *Lettres à Émilie*, avait rendu le dernier soupir.

Petit fils d'un colon de Saint-Domingue dont la terre fut érigée en marquisat en 1707, son père était ce fameux général Dumas qui, en 1793, commanda en chef l'armée des Pyrénées occidentales; et sa mère Marie-Louise-Elisabeth Labouret, fille d'un aubergiste, ancien maître d'hôtel du duc d'Orléans.

Le général Dumas mourut en 1806, laissant pour tout bien à sa femme et à ses deux enfants quelques arpents d'une terre d'un médiocre rapport.

La misère commença donc de bonne heure pour le jeune Dumas, dont la sœur, à l'aide d'énormes sacrifices, put avec peine être mise en pension à Paris. Tandis que lui, dut se contenter d'étudier tant bien que mal à l'école de Villers-Cotterets.

Heureusement, un bureau de tabac obtenu, grâce à la protection de M. de Violaine, parent de la famille, et conservateur des forêts du duc d'Orléans, vint jeter un peu de bien-être dans le ménage de la pauvre veuve, dont les ressources étaient complètement épuisées.

Cependant l'enfant grandissait; c'était un chasseur déterminé, toujours prêt à tirer un lièvre ou une perdrix; mais mordant difficilement à l'arbre de la science, et préférant une joyeuse partie de braconnage aux plus belles pages de Virgile ou d'Homère. Il atteignit ainsi sa vingtième année sans trop songer à l'avenir; heureux de chasser dans des forêts magnifiques, et d'être près de sa mère qu'il adorait.

Il fallait pourtant prendre un parti. Un jour sa mère se trouva posséder douze couverts d'argent et deux cent cinquante-trois francs, somme énorme pour la pauvre veuve. Le jeune homme, chez lequel l'ambition commençait à s'éveiller et qui rêvait déjà Paris, ses plaisirs et ses joies inconnues, prit, avec la joyeuse insouciance de la jeunesse, les cinquante-trois francs d'appoint, une lettre de recommandation pour le général Foy, embrassa sa mère sur les deux joues, et partit, comptant sur son étoile.

— Que savez-vous? lui dit le général, lorsque Dumas se présenta à lui ; un peu d'histoire? de mathématiques? — Non, général. — Du latin? du grec? — Bien peu. — Diable!... Avez-vous de quoi vivre? — Rien. — Diable! diable! dit encore le général. Mais tout-à-coup il ajouta, en voyant Dumas écrire son adresse : — Nous sommes sauvés ! vous avez une belle écriture.

Le jour même, Dumas présentait au duc d'Orléans une pétition que le général Foy apostillait d'une de ces phrases venues du cœur, comme il savait en trouver, et au bout de quelques jours le jeune homme commençait son surnumérariat au Palais-Royal; trois mois après il était secrétaire aux appointements de 1,200 fr.

Jamais argent ne vint plus à propos et ne fut reçu avec une plus grande joie : c'était une fortune pour le pauvre enfant. Aussi, fier de tant gagner, et faisant déjà, avec son imagination méridionale, les rêves les plus délicieux pour l'avenir, il écrivit immédiatement à sa mère de vendre ses meubles et de venir le rejoindre, et tous deux, heureux de se retrouver ensemble, furent se loger dans un modeste appartement du faubourg Saint-Denis.

« Alors, dit-il lui-même dans une de ces pages si bien senties qu'il « laisse, comme en se jouant, tomber de sa plume, commença cette « lutte obstinée de ma volonté ; lutte d'autant plus bizarre, qu'elle « n'avait aucun but fixe; d'autant plus persévérante, que j'avais « tout à apprendre. Occupé huit heures par jour à mon bureau, forcé « d'y revenir chaque soir de sept à dix heures, mes nuits seules

« étaient à moi. Ce fut pendant ces veilles fiévreuses que je pris « l'habitude, conservée toujours, de ce travail nocturne qui rend la « confection de mon œuvre incompréhensible à mes amis mêmes ; « car ils ne peuvent deviner ni à quelle heure ni dans quel temps « je l'accomplis. »

Quelque rude que fut la vie qu'il s'imposait, il ne se rebuta pas; son éducation était nulle, mais il avait une volonté ferme, un cœur fort, une santé de fer, et, nous l'avons dit, il adorait sa mère et voulait qu'elle fut heureuse.

Il devait faire des miracles, il en fit. Pendant trois ans il travailla ainsi sans rien écrire. Il ne voulait entrer dans la lice qu'armé de de toutes pièces.

Le directeur général disait de lui en le recommandant au prince, qui porta ses appointements à 1,500 francs : « *C'est un garçon qui a une belle main et qui ne manque pas d'une certaine intelligence.* »

Digne homme !

Dumas avait vingt-sept ans, c'était en 1829, des acteurs anglais vinrent donner des représentations à Paris. Le fameux Macready annonça qu'il jouerait l'*Hamlet* de Shakespeare.

Le jeune homme, qui, comme presque tout le monde à cette époque, ne connaissait que la pâle, froide et plate traduction du filandreux Ducis, eut la curiosité de voir l'original.

Il assista palpitant et respirant à peine à cette représentation qui devait décider de son avenir, dès ce jour il se sentit poëte; peu s'en fallut qu'il ne s'écriàt comme le Corrége : *Anch'io son' Pittor !* car c'était bien là ce qu'il cherchait, cette énergie sauvage, brutale parfois, vigoureuse toujours, qui manque au théâtre de Corneille, et qui produit des effets si vrais et si puissants, parce qu'ils sont dans la nature. Alors éclairé par cette poésie sublime, il osa rêver une révolution théâtrale qu'il fut, du reste, le premier à tenter, et qui devint pour lui la source de tant et de si beaux succès.

Avec quelle délicieuse naïveté de détails il raconte comment, en compagnie de MM. de Leuven et James Rousseau, il composa sa première pièce, qui ne fut pas, comme on pourrait le croire, une œuvre shakespearienne, aux scènes émouvantes et terribles, mais un tout petit vaudeville bien simple ayant nom la *Chassé et l'Amour*, et qui fut joué à l'Ambigu-Comique. Ce fut avec d'étranges palpitations de cœur qu'il assista à la première représentation de cette pièce qui lui rapporta *quatre* francs de droits d'auteur par soirée. Quel commencement pour cet homme qui devait, quelques années plus tard, gagner des centaines de mille francs en quelques jours !

La lutte était engagée ; nous ne parlerons que pour mémoire d'une pièce faite en collaboration avec MM. Lassagne et Vulpian, la *Noce et l'Enterrement*, jouée à la Porte-Saint-Martin, et qui eut un véritable succès.

Une fois lancé, Dumas n'était pas homme à s'arrêter dans la carrière avant d'avoir renversé et fait reléguer dans un coin et pour toujours le vieux bagage de la tragédie, les oripeaux et le clinquant de la scène fossile qu'il avait juré de faire disparaître.

Le progrès, comprimé longtemps, montait à la surface ; l'avenir était gros d'événements ; 1830 allait sonner ; il fallait, dans cette jeune civilisation prête à naître par un coup de foudre en pulvérisant un trône, marquer sa place d'une manière indélébile.

Il écrivit *Christine*, que les comédiens du Théâtre-Français reçurent par acclamation, mais suivant leur noble habitude, avec la ferme intention de ne pas la jouer.

Le baron Taylor, cet homme si bon, si grand et si artiste par le cœur, protégeait le jeune auteur dont il devinait le génie ; mais d'un autre côté, le bon vieux Picard, lui disait en hochant la tête : « Jeune homme, jeune homme, croyez-moi, faites des expéditions. » Ses chefs de bureau lui conseillaient en souriant, d'un air narquois puisqu'enfin il avait la rage de faire du théâtre, de faire du moins du Casimir Delavigne.

Voilà où en était Dumas, rongeant son frein, le cœur ulcéré par toutes ces malveillances, lorsqu'un jour, tombant par hasard sur les *Mémoires du sieur de l'Estoile*, une phrase lui fournit *Henri III*.

La pièce fut jouée le 11 février 1829 ; le succès fut inouï ; le duc d'Orléans assistait au triomphe de son protégé; des applaudissements frénétiques faisaient vibrer la salle, et le jeune auteur effrayé de cet enthousiasme extraordinaire, étourdi par ces bravos qui dépassaient de si loin ses espérances n'osait croire à son triomphe, qui pourtant était bien réel.

La révolution littéraire était faite ; le drame historique venait de naître. Alexandre Dumas avait conquis d'un seul coup la place de laquelle il ne devait plus descendre. Harel, cet homme si fin, si spirituel et si habile, alors directeur de l'Odéon, monta *Christine*, qui fut représentée le 30 mars 1830.

Quatre mois après, la révolution éclatait.

Alexandre Dumas y prit part, combattit courageusement sur les barricades et obtint la croix de Juillet.

Il fut à cette époque chargé par le général Lafayette d'une mission en Vendée, mission qu'il remplit avec la sagacité et l'intelligence qu'on lui connaît; mais voyageant en artiste autant qu'en diplomate, il rapporta de son voyage des impressions locales que, plus tard, il utilisa dans ses Lettres sur la Vendée.

Puis parurent *Napoléon*, *Charles VII*, *Antony*, *Thérèsa*, et cette longue série de pièces qui ne furent qu'une suite non interrompue de succès éclatants.

Ensuite vint la *Tour de Nesle*, cette œuvre si grande et si belle, si pleine d'émotions et de sentiment, qui fut jouée le 29 mai 1832.

Peu de temps après, Alexandre Dumas fut atteint du choléra; les médecins lui ordonnèrent de voyager, et pendant vingt mois il garda le silence; il parcourait la Suisse et l'Italie.

A son retour, il donna *Mademoiselle de Belle-Isle*, charmante comédie, pleine d'entrain et de verve, qui fut une date dans l'histoire du théâtre, c'est-à-dire l'entrée de l'école moderne dans la comédie française.

Puis *Don Juan de Marana*, *Galigula*, *Catherine Howard*, *le Mari de la Veuve*, *Kean*, etc., etc., etc. Il n'y avait plus à le nier : désormais Alexandre Dumas était une bannière, et représentait une école.

Puis aux pièces de théâtre, de cet auteur si fécond et si pleim de charmes, succédèrent ces délicieux romans que tout le monde s'arrache et qui firent la fortune de plusieurs journaux en créant le roman feuilleton.

Parmi les ouvrages du célèbre romancier, deux surtout méritent une mention particulière : *Les trois Mousquetaires*, ce beau roman de cape et d'épée si bien écrit, si plein d'esprit, de verve et d'intérêt, et *Monte-Christo*, cette œuvre admirable, cette odyssée incroyable et palpitante, où, sous une apparence souvent frivole, est cachée tant de philosophie et de véritable croyance.

Comme tous les esprits d'élite et qui marchent sans broncher dans la voie qu'ils se sont tracée, Dumas a grand nombre de détracteurs qui, par une jalousie impuissante, cherchent, sans pouvoir y parvenir, à dénigrer ses œuvres et à amoindrir ses succès ; d'autres, plus misérables encore, vont fouiller jusque dans sa vie privée pour attaquer lâchement le colosse qui les écrase.

Mais ils auront beau faire, ce génie puissant ne peut être ébranlé par leurs mesquines clabauderies, et l'heureux romancier, l'homme bon, l'ami sincère et dévoué, le cœur généreux et véritablement grand, que nous connaissons tous, et que nous savons apprécier, ne leur fera jamais l'honneur de leur répondre ni de s'occuper d'eux.

Tous les souverains de l'Europe semblèrent s'entendre r pou placer sur sa loyale poitrine les croix de leurs ordres.

Alexandre Dumas est jeune encore, espérons que nous le conserverons longtemps, car ce génie si fécond n'a pas dit son dernier mot.

LE DOCTEUR ANDRAL,

MEMBRE DE L'INSTITUT.

Nous ne pouvons nous empêcher, avec le docteur Henri Roger, qui, lui aussi, a fait la biographie du docteur Andral, de remarquer que la famille de cet homme si justement célèbre renouvelle un exemple que l'on ne retrouve dans les annales de la médecine qu'aux époques primitives de l'art, au temps d'Hyppocrate, où le dépôt des sciences médicales se conservait exclusivement dans quelques familles privilégiées qui le léguaient à leurs descendants, c'est un véritable souvenir des Asclepiades, car le docteur Andral est le digne rejeton d'une famille qui a fourni sans interruption à la science sept générations de médecins, tous savants et renommés.

Avant de commencer la biographie du docteur Gabriel Andral, nous analyserons en deux mots la glorieuse carrière de son père.

Guillaume Andral, à vingt ans médecin de l'armée des Pyrénées orientales, puis médecin des troupes françaises stationnées en Toscane et en Etrurie ; en 1803, médecin des Invalides, ensuite premier médecin de la cour du roi Joachin Murat, médecin en chef de l'hopital et de la garde royale, inspecteur de santé civil et militaire du royaume de Naples en 1809, membre de l'Académie de médecine, médecin de la maison royale de Saint-Denis, médecin consultant de Louis XVIII, et l'un des praticiens dont le dévouement éclata avec le plus de force, et qui combattit avec le plus de succès le terrible choléra de 1831, fut, à juste titre, l'une des plus hautes et des plus belles illustrations de l'empire et de la restauration.

Gabriel Andral est né à Paris, en 1797, formé à l'école de son père et vivant à une époque de calme et de tranquillité propice aux incessantes investigations de la science ; il devait, par la solidité de son enseignement et le mérite transcendant de ses écrits, ajouter à l'éclat de ce nom, que, depuis longtemps déjà, ses ancêtres avaient rendu européen.

Il passa une partie de son enfance à Naples, d'où il revint pour terminer ses études au collége Louis-le-Grand.

Reçu docteur en 1821, membre de l'Académie de médecine et professeur agrégé à la Faculté de Paris, en 1823, après un brillant concours, il occupait avant l'âge de trente ans, chose inouïe jusqu'à cette époque, la chaire d'hygiène dans cette faculté, et était en même temps chargé d'un service à l'hôpital de la Pitié.

Le docteur Andral avait un nom lourd à porter, il l'avait compris de bonne heure, et il s'était juré à lui-même d'ajouter encore à son éclatante renommée.

Plein d'ardeur et de courage, il se voua à l'étude et au bout de quelques années, après avoir vaincu des difficultés immenses et lutté pour ainsi dire corps à corps avec la science qu'il était chargé d'enseigner, il publia plusieurs ouvrages d'une haute portée médicale.

Il fixa d'abord l'attention sur lui par plusieurs mémoires de pathologie, de thérapeutique, de médecine comparée, etc., etc., puis il publia de 1823 à 1831 la *clinique médicale*, qui opéra dans le monde médical une véritable révolution, et le précis d'*anatomie pathologique*, ouvrage dans lequel on peut étudier le mieux cette science de l'anatomie pathologique, si intéressante, si nécessaire aux médecins et en même temps si difficile.

Le mérite de ces deux ouvrages est trop bien reconnu pour qu'il soit nécessaire d'en parler ici, nous ajouterons seulement qu'ils ont eu de nombreuses éditions, qu'ils ont été traduits dans toutes les langues, et que les académies de médecine des pays étrangers se sont hâtées de les adopter.

Que l'on joigne à ses travaux hors ligne ses annotations à l'ouvrage de Laennec, annotations dignes de l'illustre inventeur de l'auscultation, et ses recherches sur les *altérations du sang dans les maladies*, et l'on comprendra facilement comment le docteur Andral est parvenu à conquérir cette immense réputation dont son nom rayonne dans le monde entier.

Nous sommes convaincus que si notre école continue forte de l'impulsion donnée par Laennec, Bichat, Dupuytren, etc., à régir le monde médical, la plus large part dans l'honneur du résultat revient au docteur Andral, qui, par son cours de pathologie interne de 1830 à 1838 et par son cours de pathologie générale depuis 1839, est parvenu plus que personne à en populariser les doctrines en Allemagne, en Angleterre et jusqu'en Amérique.

Le docteur Andral, dans un âge peu avancé encore, a conquis dans la médecine la place que Dupuytren occupait dans la chirurgie, c'est-à-dire la première, et il peut, à juste titre, compter parmi les bienfaiteurs de l'humanité.

Le docteur Gabriel Andral est membre de l'Institut (section des sciences), d'un grand nombre de sociétés savantes, et officier de la Légion-d'Honneur.

Aussi aimé comme homme privé par la charmante et sympathique douceur de son caractère qu'il est admiré comme médecin érudit et profond, le docteur Andral compte un nombre immense d'amis sans avoir jamais trouvé de détracteurs; il a cinquante-six ans à peine. Espérons, pour la science et pour les nombreux malheureux auxquels il vient en aide tous les jours, que nous le conserverons longtemps encore.

Sa perte serait irréparable pour cette nombreuse et studieuse jeunesse qui suit ses cours avec tant d'avidité et de laquelle il sait si bien se faire comprendre.

LE COMTE D'ARGOUT,

Membre de l'Institut,

GOUVERNEUR DE LA BANQUE DE FRANCE.

Le caractère du comte d'Argout est un des plus beaux et des plus réellement désintéressés de notre siècle.

Sa longue carrière n'est qu'une suite non interrompue d'actes vraiment patriotiques et nationaux, par sa haute intelligence, la libéralité de ses idées et la grandeur de ses vues; il est sans contredit un des hommes qui, depuis quarante ans, ont le plus marqué en France dans toutes les questions de commerce, de finances, d'administration et d'économie politique.

Écrire la biographie de M. le comte d'Argout, est donc pour nous un devoir que nous nous hâtons d'accomplir, fâchés seulement que le cadre étroit dans lequel nous devons nous renfermer ne nous permette pas de nous appesantir comme nous le désirerions sur certaines circonstances de cette vie si belle, si modeste et si bien remplie.

Le comte, Antoine-Marie-Apollinaire d'Argout, naquit le 27 août 1782, au château de Weisselieux, arrondissement de la Tour-du-Pin, dans le département de l'Isère.

Plusieurs membres de sa famille, qui est du reste une des plus nobles et des plus anciennes du Dauphiné, ont inscrit leur nom dans l'histoire et se sont rendus célèbres à diverses époques.

A peine âgé de vingt ans, malgré la fortune qu'il possédait et qui lui assurait une position indépendante, la vivacité de son caractère et son ardent désir de servir le pays ne lui permirent pas de se confiner dans cette obscurité oisive si douce pourtant pour certains gentilshommes; il entra dans la carrière administrative où son activité, son intelligence, son application, et peut-être un peu aussi le nom qu'il porte lui valurent un avancement rapide.

Il était, en 1806, à Anvers, receveur principal des contributions indirectes; puis, en 1810, nommé auditeur au conseil d'État; en 1811, inspecteur-général, et, de 1812 à 1814, directeur-général de la navigation du Rhin.

L'Empire s'écroula et fit place à la Restauration. Le gouvernement de Louis XVIII trouva le comte d'Argout dans cette position élevée, et ne commit pas la faute énorme de se priver de ses services; au contraire, le comte d'Argout fut nommé en 1814 maître des requêtes surnuméraire. Il fut en 1815 appelé à l'administration supérieure du département des Basses-Pyrénées; de la préfecture de Pau il passa presque aussitôt à celle de Nîmes, beaucoup plus importante, mais poste excessivement difficile dans les circonstances politiques qui agitaient la France en ce moment.

Le comte d'Argout, doué d'un sens droit et d'une grande énergie, ne put assister de sang-froid aux scandaleuses voies de fait et aux assassinats dont les protestants, traités de bonapartistes, étaient victimes chaque jour, et dont les auteurs jouissaient depuis trop longtemps d'une honteuse impunité; il réprima vigoureusement ces excès, et poursuivit à outrance ceux qui épouvantaient la ville; aussi les habitants de Nîmes lui ont-ils gardé une éternelle reconnaissance pour sa paternelle administration.

En 1817, il fut nommé conseiller d'État en service extraordinaire; le 5 mars 1818, élevé par sa majesté Louis XVIII à la dignité de Pair de France, élu membre de la commission de la liquidation de l'indemnité de Saint-Domingue en 1826, et en 1828 rapporteur de l'enquête sur les colonies.

Pendant les trois journées de Juillet, lorsque la révolution tonnait dans les rues et que derrière les barricades les citoyens outragés luttaient corps à corps avec l'arbitraire qui voulait les asservir, le comte d'Argout, accompagné de M. de Sémonville, grand-référendaire de la Chambre des Pairs, fit les plus honorables efforts, malheureusement restés impuissants, pour arrêter l'effusion du sang français, et sa vie même fut gravement en danger pendant qu'il se jetait courageusement entre les deux partis.

De 1830 à 1834, le comte d'Argout a été successivement ministre de la marine, chargé de l'intérim de la justice; ministre du commerce, des travaux publics, des beaux-arts; ministre par intérim des affaires étrangères; ministre de l'intérieur et des cultes, chargé de remplacer le ministre de la guerre; puis, le 5 avril 1834, nommé gouverneur de la Banque de France, poste qu'il garda jusqu'au 18 janvier 1836, époque à laquelle il fut nommé ministre des finances: enfin, le 7 septembre de la même année, il fut de nouveau nommé gouverneur de la Banque.

Après la révolution de Février, le comte d'Argout s'associa généreusement aux efforts de la Banque pour continuer à maintenir le crédit; il ouvrit un nouveau compte au Trésor, fonda des succursales dans l'unité de la Banque centrale, abaissa le taux de l'intérêt, admit de plus petites coupures de billets au porteur, etc.

Après le 2 décembre, il a fait parti de la commission consultative (section des sciences), de la commission municipale de la ville de Paris et du Conseil général du département de la Seine; il a présidé la commission de surveillance de la caisse d'amortissement et des dépôts et consignations.

M. le comte d'Argout est membre de l'Institut (section des sciences morales et politiques), grand'croix de la Légion-d'Honneur, décoré du cordon de l'Aigle-Blanc de Pologne, de la plaque de l'ordre de Léopold de Belgique de première classe.

Sa Majesté l'Empereur Napoléon III l'a nommé sénateur.

Nous le répétons ici, M. le comte d'Argout, pendant sa longue carrière administrative, comme pair, comme ministre, a toujours bien mérité du pays.

Homme d'ordre et de progrès, on doit à son initiative un grand nombre de créations utiles et d'améliorations notables dans différentes administrations, et la noblesse de son caractère le rend digne du respect et de l'estime de tous ceux qui sont appelés à l'honneur de le connaître.

MONSEIGNEUR SIBOUR

ARCHEVÊQUE DE PARIS.

C'est avec un bonheur extrême que nous entreprenons aujourd'hui la biographie du successeur du martyr des barricades de juin 1848, du pieux archevêque de Paris, auquel Monseigneur Affre semble avoir légué en mourant ce véritable esprit de charité et de religion, douce et communicative, qui le distinguait à un si haut point.

Nous croyons remplir un devoir envers la classe pauvre, en lui faisant connaître la vie de ce pieux pasteur des âmes qui a su, en si peu de temps, se faire aimer de tous et que les infortunés, dont chaque jour il soulage la misère, ont surnommé, dans leur reconnaissance naïve, le *père des malheureux.*

Marie-Dominique-Auguste Sibour est né le 4 avril 1792, à Saint-Paul-Trois-Châteaux, petite ville du département de la Drôme.

Le Concordat conclu en 1801 entre Bonaparte, alors premier Consul, et le pape Pie VII ayant amené la suppression de l'évêché dont Saint-Paul-Trois-Châteaux était le siége depuis le quatrième siècle, son importance fut si considérablement diminuée que les parents du jeune Sibour, négociants avantageusement connus dans le pays depuis de longues années, furent forcés, pour rétablir leurs affaires (qu'un plus long séjour aurait compromis), de quitter, au commencement de l'Empire, leur ville natale et de s'établir dans le département du Gard, à Pont-Saint-Esprit, ville dépendant du diocèse de Nîmes, et que sa position sur le Rhône rend très-commerçante.

Auguste Sibour fut confié à l'abbé Ram, homme de bien et d'un grand savoir, qui depuis fut recteur de l'Académie de Bruxelles, et, sous sa paternelle direction, le jeune homme, doué d'une grande intelligence, fit, grâce à sa constante application, des progrès si rapides, qu'à l'âge de quatorze ans il avait terminé ses études.

Ses parents étaient dévoués à ces nobles principes de la révolution, qui étaient devenus ceux de l'humanité tout entière, et l'avaient élevé dans la pratique de toutes les vertus chrétiennes de l'amour du prochain, et l'avaient, par leur douce et sympathique piété, initié à tous les mystères de cette religion catholique si noble, si belle et si grande lorsqu'elle est bien comprise ; aussi ces exemples d'une foi sincère qu'il trouvait chaque jour au foyer domestique, rendaient invincible la vocation que le jeune homme avait ressentie de bonne heure pour l'état ecclésiastique, et il résolut d'abandonner ce monde qui déjà faisait luire à ses yeux tant d'espérances de bonheur et de plaisir, pour se consacrer tout entier à Dieu.

Cette résolution ne fut pas spontanée chez le jeune homme, mais le fruit de longues méditations ; aussi fut-elle irrévocable. Renonçant à Homère, Virgile, Horace, Thucidide, Pindare, Plaute et tous les grands poëtes et écrivains du paganisme, il vint humblement s'instruire en lisant les pères de l'Eglise, saint Paul, saint Augustin, ces rudes joûteurs, ces esprits si réellement inspirés, dont les pages sublimes sont si peu comprises des esprits superficiels et si négligées par les lettrés eux-mêmes quoique, par la puissance et la splendeur du génie qui les a dictées, elles soient si dignes de l'admiration de tous.

Il commença ses cours de philosophie au grand séminaire de Villiers et les acheva à Avignon. Ses études théologiques terminées, l'abbé Sibour, qui était trop jeune encore pour recevoir les ordres, vint à Paris retrouver l'abbé Ram, son premier guide dans la vie, et auquel il avait voué une grande reconnaissance pour les soins dont il l'avait entouré dans son enfance; par ses conseils, il accepta une chaire au petit séminaire de Saint-Nicolas-du-Chardonneret et y professa successivement la troisième et la seconde; il eut pour élèves la plupart des curés actuels de Paris, et voulant mettre à profit son séjour dans la capitale, l'abbé Sibour, malgré le peu de temps dont il pouvait disposer, suivit presque tous les cours du Collége de France, afin de se perfectionner dans les sciences et dans les lettres; ce temps fut le plus heureux de sa vie.

L'empire s'écroula; frappé au cœur par cette immense catastrophe, l'abbé Sibour conçut le projet de se rendre à Rome, la ville éternelle, le berceau du christianisme, persuadé que dans la paix et l'obscurité il trouverait une consolation à la douleur que les tristes événements de 1814 lui causaient.

Après avoir passé un an à Rome, il fut ordonné prêtre et revint en France avec l'intention de se livrer à la prédication, mais l'autorité diocésaine l'attacha à la paroisse de Saint-Sulpice en qualité de vicaire, et ensuite à l'église des Missions étrangères.

M. l'abbé Chaffoy qui avait eu souvent l'occasion de l'apprécier et qui venait d'être nommé à l'évêché de Nîmes lui proposa, en 1822, de le suivre dans cette ville; l'abbé Sibour accepta persuadé que, là comme partout, il trouverait des infortunes à soulager et des malheureux à secourir; il ne fut pas trompé dans son évangélique espoir, et les heureux résultats qu'il obtint par l'onction de sa parole et la vie réellement apostolique qu'il menait furent la digne récompense de ses efforts et de cette charité si chrétienne qui le distinguent.

Nommé chanoine titulaire du chapitre de Nîmes, il espérait passer sa vie dans une modeste obscurité; mais ces hautes vertus, ses grandes connaissances l'avaient fait distinguer malgré lui, et il fut désigné pour prêcher à la cour, devant S. M. Charles X, le carême de 1831.

Mais Juillet 1830 emporta comme dans un tourbillon le vieux roi si bon et si loyal, dont la seule faute était de n'avoir rien appris et rien oublié pendant son long et douloureux exil, et sa dynastie disparut pour céder la place à une autre.

A la vue de l'écroulement subit de ce trône, que quinze siècles semblaient avoir affermi, l'abbé Sibour fut confirmé plus que jamais dans la pensée que si parfois l'humanité semble s'arrêter, il est impossible de la faire reculer dans sa marche incessante vers le progrès. Esprit d'élite et aimant réellement son pays, il mit de côté toutes considérations étroites de convenances personnelles, et prit une part active à la rédaction du journal l'*Avenir*, qne MM. de Montalembert, Lacordaire et de Lamennais venaient de fonder.

Ses opinions politiques beaucoup trop avancées pour celui que les barricades avaient fait roi, portèrent un grand préjudice à l'abbé Sibour qui, à cette époque, était par ses vertus et ses talents un des ecclésiastiques les plus dignes d'être élevés à l'épiscopat, et ce ne fut qu'au mois de septembre 1839 que Louis-Philippe, forcé pour ainsi dire dans ses derniers retranchements, consentit à faire droit aux justes réclamations qui lui arrivaient de toute part et le nomma évêque de Digne.

Monseigneur Sibour succédait à Digne à Monseigneur Miollis, ce vénérable prélat qui, à l'instar des apôtres, parcourait son diocèse un bâton à la main et un sac de provisions sur le dos. Il fallait le remplacer auprès des pauvres habitants de ce pays de neiges et de montagnes, la tâche était rude, Monseigneur Sibour ne se rebuta pas, et bientôt il parvint à remplacer près d'eux celui que leur cœur avait nommé le *saint* et dont il avait toutes les vertus.

En acceptant un évêché, Monseigneur Sibour n'avait pas brisé sa plume, au contraire, il continua plus qu'avant cette époque peut-être, à peser de l'autorité de sa parole, de son savoir et de son talent dans les grandes questions qui alors agitaient et passionnaient les esprits élevés. Tout le monde se souvient encore à présent de la sensation profonde produite dans le monde universitaire et dans le monde religieux, par son *Mémoire* sur la liberté d'enseignement.

Il se prononça pour l'affirmative dans les discussions relatives au rétablissement des *officialités* et de la liturgie romaine, et il eut le noble courage de développer dans un ouvrage intitulé : *Institutions diocésaines*, les principes qu'il avait mis en pratique lui-même, en prenant l'initiative dans son diocèse, de l'établissement d'un tribunal d'officialité. Nous citerons ici quelques lignes qui feront comprendre la haute portée de ce remarquable ouvrage.

« Les évêques comprennent que moins un pouvoir est limité plus « il s'use vite, ils comprennent surtout la vraie nature du gouver- « nement ecclésiastique, non seulement toujours paternel, mais es- « sentiellement tempéré, ils savent que si, dans certaines circon- « stances, il a été plus utile à l'église que les évêques exerçassent « toute leur autorité par eux-mêmes d'une manière absolue, les « temps actuels sont bien peu favorables à un tel exercice de la « puissance épiscopale. La société religieuse et la société civile, « quoique fondées sur des principes différents, ne peuvent pourtant « pas demeurer dans un tel désaccord, que lorsque l'un offrirait « partout des libertés et des garanties, l'autre semblât les redouter et « les exclure. » Il ajoute plus loin : « La discipline de l'église peut « être utilement réformée, nous le pensons et nous le disons haute- « ment, bien qu'il puisse arriver que des esprits disposés à abuser « de tout, abusent de nos paroles; car si la prudence a ses règles, « la vérité a ses droits, et, selon nous, c'est trop se préoccuper de « soi que de renfermer au fond de son âme un sentiment dans la « seule crainte de le voir odieusement défiguré et travesti par les « passions humaines. »

Louis-Philippe, dont l'aversion pour toute espèce de réforme est bien connue, fut très-mécontent de l'initiative prise par l'illustre prélat dans l'installation du tribunal d'officialité. Beaucoup de ses collègues eux-mêmes, tout en rendant justice à ses vertus et à ses bonnes intentions, ne laissèrent pas de le blâmer, mais Monseigneur

Sibour, satisfait du témoignage de Monseigneur Affre, qui se réservait d'agir de la même façon que lui dans son diocèse, et fort de la certitude d'avoir accompli un devoir, maintint généreusement son œuvre.

La révolution de Février à laquelle il s'attendait, ne l'effraya d'aucune façon, et lorsqu'il vit le respect religieux dont le peuple entourait les ministres de la religion, il fut rassuré, car il comprit que c'était une immense réforme sociale et intellectuelle qui se préparait. Toujours simple, modeste, ennemi du faste et véritablement chrétien, il continua à dire matin et soir à l'évêché, la prière en commun.

Le peuple avait été émancipé par la révolution, afin que tous ses diocésains pussent prendre part à la vie politique qui s'ouvrait pour eux, il fonda des comités électoraux, nommés *comités catholiques*, ne demandant qu'une chose à ces nouveaux affranchis du patriotisme, non des paroles, mais des actions.

Après le martyr glorieux de Monseigneur Affre, le pouvoir exécutif qui ne pouvait faire un meilleur choix, appela Monseigneur Sibour à l'archevêché de Paris.

Le lundi, 16 octobre 1848, il fit son entrée solennelle dans l'église métropolitaine de Notre-Dame, où s'étaient réunis pour le recevoir, le chapitre, les curés, les vicaires du diocèse, les séminaires, les communautés ecclésiastiques et une foule immense de peuple qui avait hâte de le voir et de le connaître.

Il répondit au compliment que lui fit à la porte de l'église, monsieur l'abbé Jacquemet, premier vicaire général, archidiacre de Notre-Dame, et doyen du chapitre qu'il était *disposé au même sacrifice que son vénérable prédécesseur, si Dieu l'exigeait de son cœur plein d'amour et de dévouement pour ses brebis.*

Le 23 octobre, après le service solennel célébré pour le repos de l'âme de monseigneur Affre, monseigneur Sibour, revêtu de ses habits épiscopaux et accompagné seulement de ses deux grands vicaires et de son secrétaire, sortit à pied pour visiter les lieux, où

Prix de la Série : 1 Franc.

FASTES BIOGRAPHIQUES

De tous les

ORDRES CIVILS

ET MILITAIRES

DE

L'EUROPE

AVEC PORTRAITS

PAR MM. AIMARD ET JULES DUVAL.

PARIS

CHEZ LEDOYEN, LIBRAIRE, PALAIS-ROYAL

GALERIE D'ORLÉANS, 31.

ET CHEZ LES PRINCIPAUX LIBRAIRES.

1853.

Série. ordres · 1 Livraison

pages 1-48

Ordres.

FASTES BIOGRAPHIQUES

De tous les

ORDRES CIVILS

ET MILITAIRES

DE

L'EUROPE

PAR M. AIMARD.

TOME PREMIER.

PARIS
CHEZ LEDOYEN, LIBRAIRE, PALAIS-ROYAL
GALERIE D'ORLÉANS, 31.

Paris.—Imprimerie de Blondeau, rue du Petit-Carreau, 26.

A NOS LECTEURS.

Bien des publications se sont présentées avec moins de chance de succès et avec moins de véritable intérêt que la nôtre ; en effet, parler aux souvenirs, n'est-ce pas ranimer les cœurs? Conserver la gloire, n'est-ce pas retremper les âmes?

Le titre de notre livre, son but, n'ont pas besoin d'être expliqués, ils sont compris : *Les fastes biographiques de tous les ordres civils et militaires de l'Europe,* sont une immense galerie où l'artiste, le soldat, le littérateur et l'artisan occuperont, côte à côte, la place réservée aux hommes qui, à quelque titre que ce soit, ont été jugés dignes de récompenses nationales par les services qu'ils ont rendus à leur patrie.

Plusieurs tentatives ont été faites qui se rapprochent de notre ouvrage, mais toutes sont demeurées sans résultats, parce que loin de s'attacher à retracer la vie des hommes réellement dignes d'un tel honneur, une spéculation honteuse est venue dénaturer le but que l'on aurait dû s'imposer, et faire d'un ouvrage destiné dans le principe à conserver la mémoire des belles actions, un ramassis informe de faussetés et de turpitudes.

Nous comprenons trop bien la haute portée morale de l'ouvrage que nous entreprenons, pour ne pas procéder autrement que nos devanciers; nous serons vrais, vrais toujours et partout; tant mieux pour ceux qui ont gagné loyalement et par de rudes labeurs les croix qui les décorent; tant pis pour les intrigants qui se parent d'insignes qu'ils ne sont pas dignes de porter. Nous serons là pour les démasquer, et ils nous trouveront sur leur chemin, prêts à leur dire : Cette croix, où l'avez vous gagnée?

A l'époque de régénération à laquelle nous vivons, n'est-ce pas un service immense à rendre à la société tout entière que d'empêcher l'homme honorable, modeste et qui a bien mérité du pays, d'être confondu avec ces gens sans foi ni loi, qui pullulent dans le monde et se parent effrontément de ces croix si respectables, qui les aident trop souvent à faire des dupes?

Notre ouvrage sera, nous n'en doutons pas, dans toutes les bibliothèques, parce que, à l'intérêt, il réunit les faits, résume en quelque sorte l'histoire des siècles, et embrasse tous les ordres, les différentes améliorations qu'ils ont subies, les statuts et les décrets qui les régissent.

Nous ne suivrons pas dans notre publication l'ordre alphabétique qui fut adopté jusqu'à présent par nos prédécesseurs, les intéressés languiraient trop longtemps après leur biographie. Nous le répétons, notre livre est ouvert à tous, destiné à révéler les noms qui ont été oubliés, et à faire rendre à chacun la justice qui lui est due.

Nous avons les mains pleines de documents puisés à bonne source; mais dans une œuvre aussi grandiose que la nôtre, aucune précaution ne doit être négligée, et nous remercions d'avance les personnes qui voudront bien venir à notre aide en nous donnant certains renseignements indispensables et qui pourraient nous manquer.

Ceci dit : entrons en matière.

RÉFLEXIONS PRÉLIMINAIRES

SUR

L'ORIGINE DES ORDRES.

L'origine des récompenses décernées aux citoyens qui avaient bien mérité de la patrie, soit par des inventions utiles, soit par des productions littéraires, soit enfin par leur courage dans les combats se perd dans la nuit des temps et remonte aux âges héroïques du monde.

Chez les Chaldéens, les Egyptiens, les Phéniciens et plus tard chez les Grecs et les Romains, des couronnes d'olivier, de chêne ou de laurier étaient données par le peuple aux généraux qui avaient sauvé la patrie, des monuments étaient élevés en leur honneur, et leurs noms, inscrits en lettres d'or dans les temples, passaient à la postérité.

Ces couronnes décernées aux grands hommes étaient gardées précieusement dans les familles et leur rappelaient les vertus qui avaient illustré leurs aïeux.

A Rome, on donnait souvent aux citoyens en mémoire d'une action grande et généreuse des surnoms dont les familles se hâtaient de faire leur nom générique, nous citerons entre autres exemples la famille des Torquatus, une des plus illustres de l'ancienne Rome et qui rappelait par son nom le collier pris par un de ses ancêtres sur un géant gaulois qu'il avait tué au milieu des deux armées prêtes à en venir aux mains.

Les chevaliers romains portaient tous à l'index de la main droite un anneau qui servait à les faire reconnaître et qui était l'insigne de ce titre, un des plus honorables de la république.

Après la funeste bataille de Cannes, qui mit Rome à deux doigts de sa perte, Annibal envoya à Carthage plusieurs boisseaux remplis de ces anneaux, pour prouver l'immense défaite que le peuple romain venait de subir en perdant un si grand nombre de ses plus valeureux soldats.

Plus tard, lorsque la république devint forte et puissante, les récompenses modestes en usage jusqu'alors ne flattèrent plus autant des hommes que les richesses conquises sur les peuples vaincus commençaient à corrompre et rendaient avides d'honneurs, les triomphes furent inventés, le vainqueur monté sur un char magnifique et suivi des prisonniers faits pendant la campagne faisait son entrée dans Rome au milieu d'une foule immense qui chantait ses louanges et jetait des fleurs sur son passage.

Les Grecs, si célèbres dans les temps anciens par leur civilisation avancée et le raffinement de leurs mœurs, avaient institué des jeux qui revenaient tous les cinq ans et que l'on nommait Jeux Olympiques du nom de la ville où ils furent fondés ; pendant ces jeux avaient lieu des joûtes de toutes espèces dont le vainqueur était couronné immédiatement par le peuple assemblé; ce fut de là que vint la coutume de compter par olympiades.

Ces récompenses, toujours décernées au plus digne, avaient pour but d'entretenir une noble émulation parmi le peuple et de rendre les hommes meilleurs.

Mais peu à peu les mœurs se corrompirent, les Romains, qui avaient été si forts et si vertueux tant qu'ils étaient restés pauvres, prirent les vices des peuples qu'ils avaient réduits en esclavage et, efféminés par les richesses immenses qu'ils leur avaient ravies, ils marchèrent à grands pas vers leur décadence; le polythéisme, qui n'était que la personnification des passions et des vices des hommes, après avoir été si longtemps révéré, devint la risée de ces maîtres du monde qui, pour se débarrasser de leurs empereurs avaient pris la coutume d'en faire des immortels, c'est-à-dire de les assassiner et ensuite de les placer parmi leurs dieux et de les adorer comme tels.

Toute croyance était éteinte, le monde entier ne se composait plus que de deux classes d'hommes, les maîtres et les esclaves, la vieille civilisation s'affaissait sur elle-même, succombant sous le poids de ces ignobles saturnales et de ces hideuses orgies romaines dont le scandale effroyable épouvantait la nature.

La société, descendue au dernier dégré d'avilissement et de bassesse, avait besoin d'être renouvelée tout entière.

Le Christ parut, précurseur d'un monde nouveau qui allait naître, et le christianisme, cette religion d'esclaves, comme disaient avec mépris ces fiers citoyens romains qui n'étaient plus que l'ombre d'eux-mêmes, retrempa dans le martyre et la persécution les âmes fortes et généreuses qui commençaient à perdre toute espérance d'un avenir meilleur.

Les chrétiens, plus nombreux chaque jour, pleins de foi et d'espérance dans ce dieu qui leur avait été révélé, attendirent les événements en se préparant pour la lutte qu'ils prévoyaient devoir être terrible.

Alors arriva ce grand démembrement de l'empire romain, cette dissolution du vieux monde, colosse aux pieds d'argile, que les barbares débordèrent et envahirent de toutes parts, pillant, brûlant et brisant ces chefs-d'œuvre produits de tant de siècles, pertes inouïes, dégats irréparables, et qui firent pour si longtemps retomber le monde dans cette barbarie et cette ignorance dont on avait eu tant de peine à le tirer.

Des peuplades qui sortaient sans cesse des steppes glacés du nord de l'Europe pour chercher un climat plus doux et des terres bonnes à cultiver, beaucoup repoussées de l'Italie, furent obligées de passer le Rhin, de franchir les Alpes et se précipitèrent sur les Gaules, dont les habitants courbés depuis longues années sous le joug romain n'opposèrent qu'une faible résistance aux efforts des envahisseurs. Les Bourguignons, les Goths, les Ostrogots, les Visigoths, les Sicambres, les Francs, etc., etc., réunis d'abord en corps de nations pour résister plus facilement aux légions romaines, se séparèrent aussitôt que le péril fut passé et s'entre-détruisirent les uns les autres pour savoir à qui resteraient les pays conquis.

Que de temps il a fallu pour que le cahos résultant de l'invasion de ces peuplades indisciplinées dans les Gaules amenât la civilisation nouvelle !

Quelle est donc la volonté qui a présidé à la réorganisation sociale ? Qui a posé une digue à ce déluge humain écrasant tout sous le poids de sa fureur, et engloutissant sous le flot terrible de sa barbarie les lois, les institutions et la nationalité de ces peuples qui jusqu'alors avaient été puissants et respectés, et qui disparurent tout-à-coup de la scène du monde emportés comme par une avalanche sans que pour beaucoup d'eux nulle trace ne soit restée de leur existence passée ?

Ce fut le christianisme, qui, demeuré fort lorsque tout s'écroulait autour de lui, vint luire tout-à-coup aux yeux effrayés des barbares, se posa sur ces ruines immenses d'un monde, et entreprit de le reconstruire. De pieux apôtres, des hommes de bonne volonté, forts de la mission que le Christ leur avait confiée, sans crainte des tourments et des tortures qui les menaçaient à chaque pas, s'en allèrent par toute l'Europe un bâton à la main, entrant dans les palais et dans les chaumières, accomplissant ce rude labeur de prêcher un dieu de paix à des hommes accoutumés à vivre de meurtres et de rapines, et qui ne connaissaient aucun frein. Dieu les guidait au milieu de ce cataclysme universel, où toutes les croyances devaient s'abîmer pour jamais.

Une seule devait rester debout pour régénérer le monde, la vérité !

Les romains n'existaient plus, leur nom même n'était plus qu'un terme de mépris ou de dérision, les chefs barbares qui les avaient vaincus, songèrent à s'affermir dans les pays qu'ils venaient de conquérir et partagèrent entre leurs compagnons les plus dévoués et les plus braves, les terres dont ils s'étaient emparés.

Ici commence le moyen-âge, la féodalité et l'origine des fiefs ;

ces chefs barbares, en prenant possession des terres qui leur étaient échues, réduisirent les populations vaincues à l'état de servage, construisirent des forteresses, et se rendirent redoutables à leurs voisins, se déclarant la guerre les uns aux autres pour soutenir des prérogatives que la force seule leur avait donné et qu'ils se mirent à revendiquer comme étant leurs droits.

Les rois trop faibles dans le principe pour leur résister, furent souvent obligés de courber la tête sous la puissance de ces grands feudataires qu'ils avaient créés eux mêmes, et qui, mainte fois, ne craignirent pas de leur faire la guerre, les déposant lorsque cela leur convenait, et les obligeant à leur octroyer des chartes qui ratifiaient leurs usurpations et sanctionnaient les actes de rapines qu'ils commettaient.

Plusieurs de ces hardis barons dont les châteaux étaient construits sur les rives des fleuves ou à l'entrée des défilés des montagnes, avaient établi des poteaux et des barrières sur leurs terres, et faisaient payer des droits exhorbitants de transit et de péage aux marchands et aux voyageurs, sortant de leurs donjons à la tête de leurs hommes d'armes et allant *à la proie* comme ils le disaient eux-mêmes ; ils se plaçaient en embuscade sur les bords des routes, et rançonnaient sans merci tous ceux qui leur tombaient sous la main.

Les lois n'existaient plus, la force seule régnait, et les hommes étaient divisés en deux catégories, les vainqueurs et les vaincus.

Ce fut alors que quelques nobles vertueux dépossédés de leurs biens par des voisins puissants, affligés des souffrances du peuple, fondèrent ou plutôt ressuscitèrent la chevalerie qui, sous l'ancienne république romaine, avait brillé de tant d'éclat et s'engagèrent par serment à défendre les faibles contre les forts et à protéger les veuves et les orphelins.

Cette institution si pure et si belle dans son principe fut la première étincelle civilisatrice qui jaillit des ténèbres de la barbarie qui, à cette époque, pesait sur le monde.

Le titre de chevalier ne s'acquérait qu'après de longues années et de dures épreuves, il fallait avant de l'obtenir passer par les grades de *varlet*, de *page* et *d'écuyer*, et avoir fidèlement observé les préceptes de l'ordre, il fallait une foi vive, sincère et vraie, un grand courage et une réputation sans tache. De grandes prérogatives étaient accordées aux chevaliers, ils étaient presque les égaux des rois qui les honoraient les respectaient et souvent se laissaient guider par leurs conseils.

Les douze pairs de Charlemagne et les chevaliers de la table ronde du roi Arthus, à part les exploits fabuleux que l'on se plaît à leur prêter, prouvent combien était utile cette noble institution.

Les souverains eux-même ne dédaignaient pas de porter le titre de chevalier, et François Ier, le vainqueur de Marignan, voulut recevoir l'accolade du vertueux et modeste chevalier Bayard, gentilhomme pauvre et de petite noblesse, mais qui était surnommé *le chevalier sans peur et sans reproches.*

La chevalerie brilla de son plus beau lustre sous les croisades, cette époque incomprise encore et qui fut d'un si grand secours à la civilisation en jetant loin du sol ce surplus de population qui affamait l'Europe, et en débarrassant les rois de ces vassaux hautains et batailleurs qui si souvent guerroyaient contre eux. Pierre l'hermite, en provoquant ces émigrations qui purifièrent le pays, rendit d'immenses services, car il est certain que ces guerres successives de religion dont le fanatisme était le prétexte, eurent pour conséquence la création de positions stables, la consolidation des fortunes et la naissance de l'industrie.

Ce ne fut en réalité qu'au septième siècle que se révéla cette fameuse aristocratie foncière qui forma le trait le plus saillant du système politique de la France et de l'Europe pendant de longues années.

Mais comme tout ce qui émane de l'intelligence humaine ne peut avoir une durée stable et définitive, la chevalerie, cet ordre, si respecté d'abord, ne tarda pas à dégénérer par l'abus même que l'on en fit en recevant dans son sein des hommes indignes de chausser les éperons, et qui, oubliant qu'ils devaient aide et protection aux faibles, et justice à tous, se firent les oppresseurs de ceux qu'ils avaient juré de défendre.

Puis, lorsque l'ignorance commença à faire place aux lumières de la science, que la force brutale ne fut plus la souveraine maîtresse que les lois commencèrent à être respectées et que la poudre à canon vint neutraliser dans les batailles ces efforts de courage personnel qui jusqu'alors avaient décidé du sort des combats, la chevalerie commença à décroître peu à peu et finit par tomber dans l'oubli et le ridicule.

Nous avons dit plus haut que les compagnons des chefs barbares après le partage qui leur avait été fait des terres des vaincus, avaient peu à peu empiété sur les prérogatives qui leur avaient été accordées, et en étaient arrivé à traiter d'égal à égal avec les souverains. Les rois, à cette époque, n'étaient la plupart du temps rois que de nom, et ne gouvernaient que sous le bon plaisir de cette noblesse hautaine, tracassière et batailleuse plus puissante que celui auquel elle rendait hommage.

Pour parvenir enfin à régner de fait, les rois inventèrent ce fameux adage politique qui sera toujours en honneur dans les cours, *diviser, c'est régner*. Ils opposèrent leurs vassaux les uns aux autres, les aidèrent à s'entre-détruire, jugeant leurs querelles en dernier ressort, s'emparant tout doucement des fiefs les plus importants des châteaux les plus forts, accordant des franchises aux serfs, fondant les communes, protégeant l'industrie et encourageant les lettres et les sciences; profitant enfin des moindres fautes de la noblesse, ils arrivèrent à gouverner réellement et à ne plus avoir à craindre ces grands barons qui furent à leur tour obligés de venir leur demander aide et protection.

Dans ces temps de féodalité, où chacun s'arrogeait sur ses terres des droits de juridiction et de justice basse et haute, il était fort difficile de juger impartialement les questions sans nombre qui s'élevaient tous les jours, les gens du roi se trouvaient arrêtés à chaque instant par des obstacles insurmontables et leurs efforts devenaient nuls. A Paris, la capitale du royaume, il y avait en sus de la justice du roi quarante et quelques justices particulières appartenant à des seigneurs qui rendaient impuissants les efforts du monarque.

Que l'on juge, par ce qui se passait à Paris sous les yeux du roi, de l'état dans lequel se trouvaient les provinces.

Louis XI fut le premier qui sortit de tutelle et porta le premier coup à la puissance des grands vassaux de la couronne, coup terrible dont ils ne se relevèrent jamais.

Profond politique, grand penseur et doué d'un génie extraordinaire pour le siècle de force brutale et de grands coups d'épée dans lequel il vivait, il comprit en montant sur le trône que s'il voulait être autre chose qu'une machine entre les mains de ses grands feudataires et s'il prétendait gouverner par lui-même il devait se résigner à engager une lutte dont le succès était incertain et où il pouvait laisser sa couronne et sa vie.

Il n'hésita pas. Fort de ses droits et ne voulant pas courber sa tête ceinte d'un diadème sous le joug de ses sujets rebelles, il accepta la guerre.

Deux puissants vassaux menaçaient la couronne et semblaient vouloir y porter la main, c'étaient le duc de Bourgogne, ce Charles-le-Téméraire qui levait dans ses États des armées de cent mille hommes, et le duc de Bretagne, invincible au milieu des forêts et des rochers de la vieille Armorique, tous deux convoitaient ces riches et fertiles provinces récemment reconquises aux anglais et n'attendaient que le moment propice pour s'en emparer et se tailler à coups d'épée un royaume dans cette France qu'ils voulaient démembrer à leur profit, tandis que de l'autre côté du détroit Edouard d'Angleterre, qui regrettait ses belles conquêtes de la terre ferme, guettait l'occasion de débarquer à Calais à la tête d'une armée formidable.

Autour de ces puissants princes s'agitaient un nombre infini de ducs, de comtes et de barons, moins redoutables, il est vrai, mais qui à eux tous formaient la presque totalité de la noblesse française.

Les hauts barons avaient deviné, avec cette perception infaillible de ceux dont les intérêts sont menacés, que Louis XI voulait leur ravir leurs prérogatives et les forcer à reconnaître sa suzeraineté autrement que par de vaines formules aussi vite oubliées que prononcées; ils étaient froissés et humiliés de la préférence que le roi accordait à leurs dépens à des gens de rien qui formaient son conseil, et ils avaient juré sa perte en proclamant cette fameuse *ligue du bien public* qui, en effet, faillit ramener les mauvais jours des règnes de Charles VI et de Charles VII et renverser le trône; mais le roi n'était plus le même, Louis XI portait le sceptre et le portait d'une main ferme, et cette guerre, commencée d'une façon terrible, n'aboutit, grâce aux menées diplomatiquement tortueuses du monarque qui riait sous cape des vains efforts de ses ennemis démoralisés, qu'à ce ridicule combat de Montlhéry où les deux armées frappées de terreur panique s'enfuirent chacune de son côté malgré les prières et les menaces de leurs chefs qui finirent eux-mêmes par être entraînés dans la déroute générale.

Louis XI renfermé dans Paris et qui de là surveillait tout ce qui se passait au camp de Charles-le-Téméraire, attendait patiemment le résultat des sourdes menées qu'il entretenait autour de ce prince, et lorsque le moment fut arrivé, il entama des négociations avec les nobles mécontents, leur accorda plus qu'ils ne lui demandaient, peu à peu les détacha de la ligue les uns après les autres et força les récalcitrants à subir les conditions qu'il leur imposa.

Charles de Bourgogne et son allié le duc de Bretagne, tous deux honteux de l'échec qu'ils venaient d'éprouver, retournèrent dans leurs États non comme des triomphateurs mais comme des vaincus, après avoir vu s'évanouir à tout jamais leurs beaux rêves de conquêtes.

Mais Louis XI n'oublia pas que cette *ligue* dite *du bien public* avait été bien prêt de le renverser, et, dans le cours de son règne, il fit monter sur l'échafaud presque tous ces fiers barons qui avaient osé se révolter une fois contre lui et dont il confisca les États.

La haute noblesse ne put jamais réparer le rude échec qu'elle éprouva en cette circonstance, et Louis XI, avant de mourir, se vengea du duc de Bourgogne tué misérablement devant Nancy en s'emparant de ce beau duché de Bourgogne que le duc laissait à sa fille Marguerite et que la pauvre femme ne put défendre contre un aussi rude adversaire que le roi de France.

Ainsi, comme lui-même l'a dit, Louis XI fut le premier qui *mit les rois hors de pages* et il légua à son successeur Louis XII un trône fort, puissant et respecté.

Après Louis XI, Louis XIII, ou plutôt le cardinal de Richelieu son ministre, ce grand faucheur de têtes, abattit pour toujours les grands vassaux et fit disparaître du monde ces fiefs du moyen âge, qui étaient une anomalie dans le siècle d'intelligence dans lequel on venait d'entrer et qui formaient un pouvoir dans l'État, constitué à cette époque et dont les institutions étaient posées sur de trop fortes bases pour que la noblesse essayât plus longtemps contre les rois une lutte devenue désormais impossible.

Ce que Louis XI et Louis XIII avaient commencé, Louis XIV l'acheva en obligeant la noblesse à venir faire antichambre dans ses palais; *le grand roi*, comme on le nommait, dût voir avec un sourire de légitime orgueil et de suprême mépris, ces gentilshommes vêtus de pourpoints de soie et chamarrés de rubans, fils dégénérés qui n'auraient pu endosser les lourdes armures de fer que leurs pères avaient faussées si souvent dans leurs guerres incessantes contre les ancêtres du souverain dont ils n'étaient plus que les courtisans, qu'ils mettaient tous leurs soins à aduler, dont un sourire les rendait heureux et qu'un froncement de ses sourcils faisait trembler.

Louis XIV en était arrivé à ce point de pouvoir dire avec raison, *l'État, c'est moi!* La noblesse n'existait plus que de nom, et le roi vainqueur ne la laissait jouir de quelques priviléges, dont il lui faisait l'aumône suivant son bon plaisir, que pour ajouter à l'éclat et à la splendeur de son trône.

Cependant le temps avait marché, les lumières avaient fini par dissiper les ténèbres; la lutte du progrès intellectuel contre l'ignorance et le mauvais vouloir stupide des masses inintelligentes, lutte sourde et cachée pendant tant de siècles, se continuait au grand jour.

L'invention de l'imprimerie, en facilitant la propagation des sciences et des arts, donna une impulsion immense à la réaction actuelle qui s'opérait; ces manuscrits précieusement conservés dans les cloîtres par les moines qui les comprenaient seuls, parurent tout à coup au grand jour; la science se fit commune, tout le monde put étudier, s'instruire et penser.

Dès ce moment le monde fut régénéré, des écoles s'ouvrirent, des universités se fondèrent, et Abeilard, Albert le Grand, Paracelse et tant d'autres, dans leurs cours avidemment suivis par une jeunesse anxieuse d'apprendre, ressuscitèrent l'ancien monde au profit du nouveau qui surgissait de ses ruines; des poëtes, des écrivains, des peintres, des sculpteurs parurent tour à tour.

La noblesse seule, hautaine et insoumise, trop fière pour suivre le mouvement qui s'opérait, regardait avec mépris passer devant elle les écrivains, les penseurs et les philosophes, et se drapait insolemment dans son ignorance, disant que l'étude était bonne pour les manans. Aussi Anne de Montmorency, connétable sous Henry II, ne savait ni lire ni écrire, et sous Louis XV, le duc de Richelieu faisait composer par son valet de chambre son discours de réception à l'académie.

Lorsque la noblesse fut vaincue, elle se retira dans ses châteaux, et longtemps garda rancune à la monarchie, les rois qui ne la craignaient plus, mais qui désiraient la ramener à eux, voulurent lui rendre en honneurs et en dignités ce qu'ils lui avaient enlevé en pouvoirs et en prérogatives, ce fut alors qu'ils créèrent ces ordres et ces cordons qui furent si longtemps l'ambition des grandes familles.

La monarchie qui, dans l'origine, ne se composait que de deux pouvoirs suprêmes, la noblesse et le clergé, en avait vu à son grand déplaisir surgir un troisième, que l'on nomma le tiers-état.

En effet les communes fondées par Louis-le-Gros, avaient formé cette bourgeoisie riche et industrieuse, qui, à mesure que le clergé et la noblesse perdaient du terrain près du trône, en gagnait par ses richesses, son industrie et la protection accordée par les souverains au commerce et, petit à petit, se préparait à régner sans partage sur le monde entier, et à dominer les rois eux-mêmes.

La noblesse serrée autour des souverains voyait avec peine de nouveaux anoblis se glisser furtivement dans ses rangs et lorsque ces croix qui avaient été créées pour elle seule commencèrent à être données à des roturiers, elle exigea que pour être présenté à la cour et monter, comme on le disait alors, dans les carrosses du roi, l'on fit des preuves qui justifiassent de l'ancienneté de la race.

Mais depuis que la noblesse ne guerroyait plus contre la monarchie, elle se ruinait à la cour. Sous la régence, le système de Law qui bouleversa tant de fortunes, amena aussi ce fameux croisement des races qui avait jusqu'alors semblé impossible, peu à peu les croix avaient établi une certaine égalité morale en créant cette noblesse d'intelligence et de mérite qui vaut bien l'autre, et les grandes familles ruinées consentirent sans trop de peine à marier leurs parchemins jaunis avec les sacs d'écus des traitans, ou la croix de Saint-Louis, d'un brave officier du tiers-état.

Ainsi la fondation des ordres et des croix amena sans commotion et presque sans que l'on s'en aperçut la fusion de tous les corps de la nation, les nobles arrivèrent enfin à reconnaître que l'on ne pouvait plus rien être sans talent et sans mérite, et ils acceptèrent franchement la nouvelle position qui leur était faite par le progrès et la marche incessante de la civilisation.

Colbert, dont la noblesse ne date que de Louis XIV, Fabert, Jean-Bart, Duquesne et toute notre grande et belle noblesse impériale sont une preuve de ce que peut produire une récompense bien méritée, et surtout bien donnée.

Les arts, les sciences, la littérature, ne durent l'essort rapide qu'ils ont pris qu'a ces ordres et à ces croix qui augmentèrent l'émulation et le désir de se distinguer.

Notre pauvre nature humaine est ainsi faite que, composée d'instincts bons et mauvais, ce n'est qu'en offrant à notre ambition l'espoir d'une distinction qui nous sorte de la foule qui tourbillonne autour de nous et nous place en première ligne dans la grande famille dont nous sommes issus, que nous parvenons à vaincre nos passions et à devenir des citoyens utiles à notre patrie.

L'histoire des ordres se lie intimement avec celle des peuples, et marque par des jalons jetés de distance en distance les progrès de la civilisation et la marche des siècles. Ecrire leur histoire est donc écrire celle du monde à son point de vue civilisateur et progressif, puisque toutes les grandes inventions et les belles découvertes s'y rattachent, et que la marche du progrès intellectuel est indiquée par les croix ou les cordons qu'il a fait distribuer aux hommes qui ont travaillé à la régénération sociale.

Dans ces derniers temps, nous avons vu avec peine certaines personnes jeter du haut de la tribune des expressions de mépris sur ces croix que ceux qui les portent ont eu tant de peine à gagner, et flétrir du nom de *hochet* ces ordres si enviés et si dignes de l'être. Ces personnes, douées d'un grand talent, et convaincues, nous en sommes persuadé, de la bonté de l'opinion qu'elles émettaient, se trompaient et l'ont reconnu plus tard.

Ces distinctions, ces croix, ces ordres, ces cordons, disparaîtront un jour sans doute, mais ce sera lorsque tous les hommes seront bons, humains, honnêtes et doués de l'esprit que nous recommande l'Evangile, enfin lorsque l'on n'aura plus besoin de séparer le bon grain de l'ivraie, et l'honnête homme du fripon ; jusqu'à cette époque, malheureusement trop éloignée encore, nous soutenons que, loin d'être nuisibles, ces institutions sont nécessaires, et que les attaquer est devenu presqu'un sacrilége, puisqu'elles sont jusqu'à un certain point la religion du soldat et de l'artisan, c'est-à-dire des deux classes du peuple qui rendent le plus de services à la société.

En supposant que l'on voulut supprimer les ordres, que mettrait-on à leur place? Comment récompenserait-on les inventions utiles, les grandes découvertes, les actions d'éclat et les actes de vertu? Comment désignerait-on à la foule les hommes qui, par leur génie et leurs travaux, ont illustré le pays et fait progresser l'humanité?

Les ordres font essentiellement partie des moyens civilisateurs, les laisser tomber en désuétude, serait mettre les lumières sous le boisseau; car sans eux plus d'émulation, plus de désir de se distinguer, et par conséquent la décadence.

Nous terminerons ici ces quelques réflexions, beaucoup trop longues déjà, et nous nous bornerons à ajouter que notre but étant de lier l'histoire morale des ordres avec l'histoire politique des peuples, et d'en démontrer la connexité, lorsque nous aurons à raconter la fondation d'un ordre quelconque, nous dirons en même temps quelle était la position politique du pays au moment où cet ordre fut institué et par quelles raisons on fut amené à le créer.

ORDRE IMPÉRIAL

DE LA LÉGION D'HONNEUR.

La république était forte et respectée au dedans et au dehors, les nombreux triomphes du général Bonaparte qui, à la tête d'une poignée d'hommes, avait conquis l'Italie et signé à Campo-Formio une paix glorieuse, assuraient une grande prépondérance au gouvernement français dans les cabinets de l'Europe et nous avaient placé au premier rang des nations.

Les arts, le commerce et l'industrie, libres enfin, reprenaient un nouvel essor, et d'immenses richesses, fruit de nos brillantes victoires, circulaient dans toutes les classes de la société.

Napoléon, que le repos effrayait et qui ne voulait pas compromettre dans l'oisiveté la renommée qu'il venait d'acquérir, songea à mettre à exécution un projet qu'il mûrissait depuis longtemps, et proposa au directoire la conquête de l'Egypte.

Les cinq rois qui gouvernaient la France craignaient l'influence et les talents du jeune héros, et cherchaient un prétexte pour l'éloigner, ils saisirent avec empressement celui qu'il leur offrait lui-même, ne réfléchissant pas qu'en lui donnant les moyens de courir à de nouveaux succès, c'était augmenter la réputation déjà si grande et accroître la popularité et le prestige de l'homme qu'instinctivement ils commençaient à redouter.

Bonaparte seul avait conçu le plan de la nouvelle conquête ; il fut donc chargé d'organiser l'armée expéditionnaire, et la composa de vieux soldats qui avaient combattu à ses côtés dans toutes les batailles d'Italie, et de généraux sur lesquels il croyait pouvoir compter.

Le 8 mai 1798, Bonaparte arriva à Toulon, l'embarquement de l'armée commença de suite et l'escadre mit à la voile.

Tout le monde à bord ignorait le but de l'expédition, le plus profond secret avait été gardé, mais les soldats pleins de confiance dans l'homme qui si souvent les avait conduits à la victoire, se reposaient entièrement sur lui, et étaient joyeux de le voir encore une fois à leur tête.

Cependant, quelques jours avant d'apercevoir la terre d'Afrique, Bonaparte voulut apprendre lui-même à ses soldats ce qu'il attendait d'eux, et quelle était la grande et magnifique conquête qu'ils allaient tenter.

Voici la proclamation par laquelle il leur annonça ses projets :

« *Bonaparte, membre de l'Institut national, général en chef.*

« A bord du Lorient, le 4 messidor an VI.

« Soldats,

« Vous allez entreprendre une conquête dont les effets sur la civilisation et le commerce du monde sont incalculables. Vous porterez à l'Angleterre le coup le plus sûr et le plus sensible, en attendant que vous puissiez lui donner le coup de la mort.

« Nous ferons quelques marches fatigantes ; nous livrerons plusieurs combats ; nous réussirons dans toutes nos entreprises, les destins sont pour nous. Les beys mamelucks qui favorisent exclusivement le commerce anglais, qui ont couvert d'avanies nos négociants et qui tyrannisent les malheureux habitants du Nil, quelques jours après notre arrivée n'existeront plus.

« Les peuples avec lesquels nous allons vivre sont mahométans, leur premier article de foi est celui-ci : « Il n'y a pas d'autre Dieu que Dieu et Mahomet est son prophète. » Ne les contredisez pas, et agissez avec eux comme vous avez agi avec les Juifs, avec les Italiens ; ayez des égards pour leurs muphtis, pour leurs imans, comme vous en avez eu pour les rabbins et les évêques ; ayez pour les cérémonies que prescrit l'Alcoran, pour les mosquées la même tolérance que vous avez eue pour les couvents, pour les synagogues, pour la religion de Moïse et de Jésus-Christ.

« Les légions romaines protégeaient toutes les religions. Vous trouverez ici des usages différents de ceux de l'Europe ; il faut vous y accoutumer.

« Les peuples chez lesquels nous allons entrer traitent les femmes différemment que nous, mais dans tous les pays celui qui viole est un monstre.

« Le pillage n'enrichit qu'un petit nombre d'hommes, il nous déshonore, il détruit nos ressources, il nous rend ennemis des peuples qu'il est de notre intérêt d'avoir pour amis.

« La première ville que nous allons rencontrer a été bâtie par Alexandre ; nous trouverons à chaque pas de grands souvenirs dignes d'exciter l'émulation des Français. »

Du 1er au 2 juillet eut lieu le débarquement de l'armée au Marabout, à trois lieues d'Alexandrie.

Sans s'arrêter, les troupes se dirigèrent vers la ville, qui fut prise à l'escalade.

Bonaparte confia le commandement d'Alexandrie au général Kléber, et le 7 juillet il prit la route de Damanhour à travers le désert. La faim, la soif et une chaleur intolérable causèrent des souffrances inouïes, auxquelles beaucoup de soldats succombèrent ; pourtant, malgré tant de fatigues, l'ardeur de l'armée ne se ralentit pas ; les mamelucks furent battus à Ramanieh, à Chebreisse et dans plusieurs autres combats. Quelques jours plus tard, les Français entrèrent au Caire.

Le 3 thermidor (21 juillet), l'armée française se trouvait en présence de Mourad-Bey aux pieds des Pyramides. Le sort de l'Egypte allait se décider.

Bonaparte s'écria au moment de livrer la bataille :

« Soldats,

« Vous allez combattre les dominateurs de l'Égypte ; songez que « du haut de ces monuments quarante siècles vous contemplent. »

La bataille prit le nom d'Embabeh, du village près duquel elle se donna.

Malgré leur courage et leur héroïque résistance, les mamelucks furent écrasés après une lutte acharnée qui dura dix-neuf heures.

Le 4 thermidor (22 juillet), Bonaparte rentra dans le Caire.

En quelques mois l'Égypte et la Syrie furent conquises ; tout-à-coup le général en chef reçut la nouvelle déplorable de la destruction de notre flotte à la fatale bataille d'Aboukir. Il fut un instant atterré, mais reprenant bientôt courage il s'écria avec l'accent d'une sublime résignation : « Eh bien! nous resterons ici, ou nous en sortirons grands comme les Anciens ! »

Ce fut alors qu'il créa le fameux institut d'Égypte, dont il donna la présidence à Monge.

Bonaparte s'occupait à régulariser l'organisation intérieure de la nouvelle colonie acquise à la France, il fixait déjà son regard d'aigle sur l'Inde, et se préparait à frapper l'Angleterre au cœur en l'attaquant dans la source de ses richesses, lorsque l'amiral Anglais Sydney Smith, auquel il avait envoyé un parlementaire sachant que depuis longtemps il était sans nouvelles d'Europe, lui fit passer, sans doute, dans l'intention de lui causer une désagréable surprise, la *Gazette de Francfort* du 10 juin 1799.

Bonaparte parcourut cette feuille avec avidité, mais il fut frappé d'une cruelle douleur à cette lecture : nos armées battues sur tous les points, mal payées et presqu'abandonnées à elles-mêmes, se défendaient avec peine, toutes nos conquêtes étaient perdues, et le Directoire avait englouti dans ses scandaleuses orgies les millions qu'il avait arrachés à nos ennemis au prix de tant de sang répandu et de tant de victoires, les caisses de l'état étaient vides, le désaccord partout et la nation aux abois penchait vers sa ruine.

Atterré par ces sinistres nouvelles et par le danger terrible que courait la patrie, le général résolut avec cette promptitude qui le caractérisait de partir immédiatement pour la France, laissant le commandement de l'armée au général Kléber. Il s'embarqua sur la frégate le *Muiron* et accompagné de la *Carrère* de la *Revanche* et de *la Fortune* il partit au commencement du mois d'août, trompa la vigilance du commodore Sidney Smith qui croisait sur les côtes d'Afrique, et débarqua tout-à-coup à Fréjus le 6 octobre.

L'empressement des habitants préserva Bonaparte des longueurs de la quarantaine, à peine eurent-ils appris l'arrivée du général dans leur port qu'ils couvrirent la mer de bateaux et se précipitèrent au devant de lui en s'écriant : « *Nous aimons mieux la peste que* « *les Autrichiens!* » Devant l'enthousiasme de la population, les précautions sanitaires en usage dans les ports devinrent impossibles à observer, Bonaparte, qui jugeait du péril par la hâte que l'on avait de le voir, profita de cette infraction qui lui sembla providentielle et partit immédiatement pour Paris.

La position était excessivement difficile, un changement dans la forme du pouvoir était nécessaire, urgente même, tout le monde en convenait; mais comment ce changement serait-il opéré, par qui, et au profit de quelle opinion? Voila ce que chacun se demandait, les craintes et les espérances étaient grandes dans tous les partis, l'hésitation plus grande encore, nul n'osant prendre la responsabilité du coup d'état qui se préparait.

Les républicains n'osaient espérer une réaction en leur faveur, les souvenirs sanglants de 93 étaient trop présents encore à la mémoire du peuple; ils supportaient le poids de préventions dont le temps ne les a pas complètement délivrés, et on les accusait du désordre et de l'anarchie qui pesait sur la nation et dont chacun attendait la fin avec anxiété.

Les royalistes se trouvaient aussi hors de cause, par la raison que si les masses étaient lasses des tourmentes révolutionnaires, elles n'entendaient pas perdre les résultats que la révolution leur avait fait obtenir; du reste l'armée se serait soulevée contre toute proposition de ramener la famille déchue, et fructidor l'avait surabondamment prouvé.

L'opinion nationale tendait vers la concentration des pouvoirs publics dans les mains d'un homme assez énergique pour les faire agir dans le sens de la révolution et non contre ces principes qui avaient coûté tant de sang et de larmes, et que l'on voulait maintenir malgré tout.

Pour remplir cette haute mission et exercer cette dictature qui ne devait détrôner un moment la démocratie qu'au profit de cette démocratie elle-même, il fallait un homme complètement révolutionnaire, comprenant les idées de son siècle, dévoué intimement aux intérêts nouveaux, qui ne dut sa gloire et sa renommée qu'à la France régénérée, et qui, par l'ascendant de cette renommée, put triompher de l'attachement de certaines âmes exaltées et patriotiques à la constitution de l'an III, cette arche sainte des républicains; il fallait, en outre, que la réputation militaire de cet homme fut assez grande pour imposer à l'étranger et le forcer à accepter le changement qui allait s'opérer.

Le général Bonaparte seul offrait toutes les garanties nécessaires, lui seul pouvait renverser le gouvernement républicain sans pourtant toucher aux créations révolutionnaires auxquelles la France ne voulait plus renoncer.

Déjà depuis longtemps l'ambition du jeune général avait prévu que la providence lui destinait cette noble tâche, et il attendait le moment propice avec impatience, parce qu'il savait qu'il réunissait en lui toutes les conditions pour en assurer le succès et triompher de tous les obstacles qui pourraient surgir.

Aussi, à la nouvelle de son arrivée à Paris, tous les yeux se tournèrent vers lui, tous les partis, dans l'espoir de le faire servir à la réussite de leurs projets, se serrèrent autour de sa personne et cherchèrent à se faire un appui de son génie et de sa grande réputation.

Le Directoire se composait alors de Roger-Ducos, Barras, Sieyès, Moulins et Goyer.

La majorité, qui était formée par Barras, Goyer et Moulins, voulait la constitution de l'an III : Goyer et Moulins, parce qu'ils croyaient sincèrement qu'il était possible de conserver le régime républicain sous sa forme actuelle; Barras, lui, parce qu'il aimait le pouvoir et qu'il entrevoyait dans la constitution un moyen de le perpétuer à son profit.

Sieyès n'avait jamais été réellement républicain; toutes ses sympathies, au contraire, l'entraînaient vers la forme monarchique, et il attendait l'occasion de manifester sa répulsion pour la République; on l'accusait même tout bas d'avoir eu l'intention de trahir la nation pour mettre sur le trône un prince de la maison de Brunswick. L'homme qui tenterait le mouvement pouvait donc compter sur son assistance et son appui. Quant à Roger-Ducos, le cinquième directeur, il n'agissait que sous l'influence de Sieyès.

Et pourtant, chose extraordinaire, le général Bonaparte et Sieyès ressentirent dans le principe, de l'éloignement l'un pour l'autre, et, dans plusieurs circonstances, le général affecta une certaine hauteur dans ses relations avec ce Directeur, qui devait être dans si peu de temps le complice de ses projets; mais cet éloignement fut de courte durée, et ils ne tardèrent pas à s'entendre, par le désir qu'ils avaient l'un et l'autre de changer le système politique qui régissait la nation.

Le 18 brumaire fut préparé par Lucien Bonaparte dans les conseils, et par Sieyès, Talleyrand, Fouché, Réal et Regnaud de Saint-Jean-d'Angely. Fouché surtout, jouant un rôle à double face, se montrait on ne plus impatient de détruire cette République dont il avait été jadis un des proconsuls les plus sanguinaires.

Le moment d'agir était arrivé. Bonaparte, qui avait rallié à sa cause presque tous les généraux présents à Paris, reçut le 18 brumaire, dans son petit hôtel de la rue Chantereine, nommée en son honneur rue de la Victoire, le décret suivant, que le Conseil des Anciens lui envoyait par un message :

« Art. 1er. — Le Corps législatif est transféré dans la commune de Saint-Cloud.

« Art. 2. — Les Conseils y seront rendus demain 19, à midi.

« Art. 3. — Le général Bonaparte est chargé de l'exécution du présent décret; il prendra toutes les mesures nécessaires pour la sûreté de la représentation nationale. Le général commandant la 17e division militaire, la garde du Corps législatif, les gardes nationales sédentaires, les troupes de ligne qui se trouvent dans la commune de Paris, dans l'arrondissement constitutionnel et dans toute l'étendue de la 17e division militaire, sont mises immédiatement sous ses ordres, etc.

« Art. 4.— Le général Bonaparte est appelé dans le sein du Conseil pour y recevoir une expédition du présent décret et prêter serment; il se concertera avec les commissaires inspecteurs des deux Conseils. »

Sans perdre de temps, le général lut ce décret aux troupes, qui avaient été consignées dans leurs casernes, le fit publier dans Paris, ordonna de battre la générale dans tous les quartiers et fit afficher la proclamation suivante :

« Citoyens,

« Le conseil des Anciens, dépositaire de la sagesse nationale, vient de rendre le décret ci-joint, il est autorisé par les articles 102 et 103 de l'acte constitutionnel.

« Il me charge de prendre des mesures pour la sûreté de la représentation nationale. La translation est nécessaire et momentanée. Le corps législatif se trouvera à même de tirer la représentation du danger éminent où la désorganisation de toutes les parties de l'administration nous conduit.

« Il a besoin, dans cette circonstance essentielle, de l'union et de la confiance des patriotes. Ralliez-vous autour de lui, c'est le seul moyen d'asseoir la république sur les bases de la liberté civile du bonheur intérieur de la victoire et de la paix. »

Le Directoire semblait complétement étranger à ce qui se passait; du reste, lors même qu'il eût voulu s'opposer au coup d'état, les précautions étaient si bien prises que cela lui eût été impossible: Goyer attendait tranquillement au Luxembourg le général Bonaparte qui s'était invité à dîner chez lui, et il était loin de soupçonner que cette invitation servait seulement à l'empêcher de sortir. Moulins se désespérait solitairement et voyait avec rage son impuissance; Barras, qui croyait que le coup-d'état s'exécuterait avec son assistance, apprenait avec douleur que l'on s'était passé de lui et que désormais il devait se résigner à rentrer dans la foule. Sieyès et Roger-Ducos, prêts à donner leur démission de directeurs, figuraient parmi les agents du général.

Le 19 brumaire, à midi, après avoir fait occuper par de nombreuses troupes sous les ordres de généraux dévoués, les postes les plus importants, Bonaparte se rendit à une heure après-midi auprès des Conseils, accompagné des généraux Berthier, Murat, Lannes, Lefebvre et d'un nombreux état-major; la lutte fut vive, surtout au conseil des Cinq-Cents, dont la majorité était républicaine. Les cris : A bas le dictateur! à bas le Cromwel! Bonaparte hors la loi! l'accueillirent lorsqu'il parut dans la salle, il lui fut impossible de se faire entendre, et il fut forcé de se retirer.

Lucien quitta le siége de la présidence, se rendit près des troupes, et les harangua pendant que le plus affreux tumulte régnait dans la salle; les soldats hésitaient, un instant encore tout était perdu. Renonçant à l'espoir de convaincre les députés par sa parole, Bonaparte ordonna à Murat d'envahir la salle des conférences à la tête de ses grenadiers, et de disperser les députés. En un instant la salle fut évacuée.

Cependant, pour donner à ce coup-d'état l'apparence de la légalité, Lucien parvint à réunir dans l'orangerie, une trentaine de députés qui, séance tenante, décrétèrent l'élimination de soixante et un de leurs collègues, la dissolution du Directoire et la formation d'une commission consulaire composée de trois membres, savoir : Sieyès, Roger-Ducos et Bonaparte.

Il était neuf heures du soir. La révolution était faite.

Cet étrange coup-d'état, où la nation presque tout entière était complice des conspirateurs, fut exécuté sans qu'une seule goutte de sang fût versée, et le Directoire avait su se rendre si odieux que sa chute fut considérée comme un bonheur pour le pays.

Ici commence de fait la dynastie napoléonniene; car, à la première séance des consuls, Sieyès qui espérait, grâce à son âge et à ses antécédents politiques, obtenir la présidence du conseil, ayant dit, pour tâter le terrain : qui de nous présidera? Ne voyez-vous pas, répondit vivement Roger-Ducos, que c'est le général qui préside? Du reste Sieyès et Roger-Ducos comprirent de suite qu'ils s'étaient donné un maître, et se courbèrent sous sa volonté toute-puissante.

La Révolution avait épuisé ses ressources démagogiques dans les luttes incessantes qu'elle avait eu à soutenir ; la forme républicaine était usée. Après avoir vaincu avec l'appui des masses, le peuple avait besoin de la dictature d'un seul pour réparer et arrêter les désordres que la dictature de tous avait produits; la société se transformait peu à peu, les instincts monarchiques commençaient à renaître; la France, si forte quand elle était vraiment républicaine et que l'enthousiasme créait des armées en quelques heures, ne faisait plus trembler l'Europe qui commençait à ne plus la craindre; il fallait rétablir la prépondérance de la France auprès des étrangers, regagner toutes les conquêtes que le Directoire nous avait fait perdre, et reprendre notre place au premier rang des nations. Pour obtenir ce résultat, il était urgent de changer nos allures gouvernementales et de nous retremper, pour ainsi dire, par une transformation complète, et Bonaparte comprenait bien cela; car, le 18 brumaire, il ne détrôna pas le peuple dans l'orangerie de Saint-Cloud ; il changea seulement la représentation, et, de collective qu'elle était, il la rendit unique.

En effet, quoiqu'on en ait dit, Bonaparte est l'expression la plus pure des idées démocratiques, et c'est à juste titre que le peuple le considère comme le révolutionnaire qui a le plus contribué à faire disparaître les vieux préjugés de la naissance et de la fortune, et le plus ébranlé les idées décrépites qui surnageaient encore çà et là en émancipant le mérite et le rendant susceptible de parvenir à tout, même au trône, foulant aux pieds ces vains prestiges des anciennes dynasties royales et créant ainsi cette vraie égalité, la seule possible au monde, celle du talent et du génie sur tous les degrés de la grande échelle sociale.

Consul ou Empereur, Napoléon représentait le véritable sentiment national, et ce qui fait que son souvenir s'est conservé intact et palpitant dans le cœur du peuple, ce ne sont pas ses hauts faits militaires, ses incroyables exploits et ses conquêtes fabuleuses; non, son titre réel aux regrets et à l'amour de la nation, ce fut ce sentiment démocratique qu'il conserva toujours, et cela est tellement vrai, que lorsqu'il y a deux ans l'héritier de son nom, le prince Louis-Napoléon se présenta aux suffrages de la nation, pour succéder à son oncle et continuer sa dynastie, le peuple, plein de confiance dans ce nom de Napoléon, qui pour lui est un symbole, le proclama Empereur par sept millions de suffrages!

Lorsque Napoléon fut nommé premier consul, il quitta le Luxembourg, qui avait été la demeure du Directoire, et s'installa aux Tuileries; car il connaissait l'esprit du peuple, et savait que rien n'ajoute de prestige et de grandeur au pouvoir comme les formes qu'il revêt et les circonstances dont il sait s'environner. Mais voulant éloigner tout soupçon de restauration monarchique, il eut soin de conserver dans cette demeure toutes les façons républicaines alors en usage, faisant placer dans tous les salons les portraits des grands hommes de l'antiquité; ces précautions montraient, du reste, que Bonaparte conservait au fond de son cœur le souvenir, précieux pour tous, de son origine révolutionnaire.

L'empereur d'Autriche, malgré les nombreuses défaites que ses armées avaient subies dans la première campagne d'Italie, céda une fois encore à la haine qu'il éprouvait contre la république française; la guerre allait recommencer.

Bonaparte ordonna d'abord la formation à Dijon d'une armée de réserve de soixante mille hommes, dont il donna le commandement au général Berthier; mais il en prit bientôt le commandement lui-même et se prépara à inaugurer cette nouvelle campagne par un coup de tonnerre.

Parti le 6 mai de Paris, le 15 il arriva au mont Saint-Bernard, et, surmontant les obstacles inouis qui s'opposaient à ces projets, il le passa en trois jours et s'empara en courant de la petite ville d'Aost, mais le fort de Bard, considéré comme inexpugnable à cause de sa position sur un rocher à pic, semblait devoir arrêter l'élan de l'armée, le premier consul fit creuser hors de portée des boulets un sentier dans les rochers, pour donner passage à l'infanterie, et par une nuit obscure, faisant envelopper de paille les roues des voitures et des canons, il traversa la ville de Bard sous le feu de vingt-deux pièces d'artillerie qui, tirant à l'aventure, ne firent éprouver que peu de perte aux troupes.

Le quartier général français était porté à Milan dans les premiers jours de juin, et la république cisalpine rétablie.

Le 9 juin, Bonaparte passa le Pô et battit les Autrichiens à Montebello; le 14 les deux armées se retrouvèrent en présence dans les plaines de Marengo.

Le 24 et le 25 se donna cette célèbre bataille, une des plus acharnées des temps modernes; le choc fut terrible. Quatre fois les troupes françaises furent en retraite, et quatre fois elles reprirent l'offensive; plus de soixante pièces de canon furent prises et reprises de part et d'autre; il y eut douze charges de cavalerie.

Enfin les Impériaux furent mis en déroute après avoir perdu quinze drapeaux, quarante pièces de canon, huit mille prisonniers et laissé six mille morts sur le champ de bataille.

Le lendemain de la victoire, le général Mélas signa une convention qui livrait à la France, le Piémont et la Lombardie. Le 5 juillet, un peu moins de deux mois après son départ de Paris, le premier consul rentrait dans cette capitale aux acclamations enthousiastes d'un peuple immense.

Cependant, malgré le prestige de la gloire dont Bonaparte était enveloppé comme d'une auréole, malgré la pompe des fêtes civiques qui se succédaient les unes aux autres, les restes de ces vieux républicains de quatre-vingt-treize qui avaient si longtemps lutté pour établir cette république qu'ils sentaient près de leur échapper, et qui avaient deviné le but vers lequel tendait le premier consul, prévoyant que bientôt une couronne ceindrait le front du moderne César, résolurent de se débarrasser de lui, et plusieurs conspirations furent ourdies dans le silence.

L'ex-député Arena, Damerville, Tobino Lebrun, le sculpteur Cerachi, poussés par un misérable nommé Harel, qui se hâta de les dénoncer à la police, formèrent un complot pour assassiner le premier consul pendant qu'il assisterait à une représentation de l'Opéra. Bonaparte, qui connaissait leur projet, se rendit dans sa loge; les conjurés furent arrêtés munis de poignards.

Une autre conspiration bien plus sérieuse faillit, à peu de temps de là, lui être fatale. C'était le 3 nivôse; il se rendait à l'Opéra, où l'on donnait la première représentation de l'oratorio d'Haydn, *la Création*. Il était dans son carrosse, accompagné des généraux Lannes, Berthier et Lauriston. Son cocher, qui était ivre, fouettait ses chevaux à tour de bras et imprimait à la voiture une célérité inaccoutumée, lorsqu'en passant rue Saint-Nicaise, un baril de poudre placé sur une charrette éclata tout-à-coup; dix secondes plus tard, et c'en était fait de l'homme qui devait peser d'un si grand poids dans les destinées de la France : cette ivresse de son cocher le sauva seule, car tout avait été calculé et préparé avec un horrible sang-froid par les auteurs de ce sauvage complot, qui coûta la vie à plus de cinquante personnes.

Le premier consul continua sa course vers l'Opéra, et s'assit sur le devant de sa loge le front aussi calme que si rien n'était arrivé.

Cette machine infernale était le résultat d'un complot royaliste. Ce parti, qui avait perdu tout espoir de voir jouer à Bonaparte le rôle de Monk, cherchait lui aussi à se défaire du premier consul.

Les représailles furent terribles; il fallait mettre un terme à ces complots sans cesse renaissants et qui, à chaque instant, mettaient en péril la vie de l'homme sur lequel la France avait placé toutes ses espérances de bonheur futur.

Depuis que la révolution avait perdu de sa première effervescence, la religion si persécutée avait, sous diverses formes, cherché à reparaître en France ; jusqu'alors toutes les tentatives étaient restées infructueuses. Bonaparte, qui avait un but qu'il ne perdait pas de vue un instant et qui voulait peu à peu rétablir certaines institutions de l'ancien régime qu'il prévoyait devoir lui être plus tard d'une grande utilité, s'occupa sérieusement de régler avec le Saint Siége les intérêts du culte catholique, affecta de rendre à l'Église son ancienne splendeur, et saisissant l'occasion du concordat et de la paix qu'il venait de signer à Amiens avec l'Angleterre, il fit chanter un *Te Deum* solennel à l'église Notre-Dame et força ses généraux et toute la cour consulaire d'y assister.

Napoléon Ier a dit dans ses mémoires :

« Le Concordat de 1801 était nécessaire à la religion, à la république, au gouvernement..... Il fit cesser le désordre, dissipa tous les scrupules des acquéreurs de biens nationaux, et rompit le dernier fil par lequel l'ancienne dynastie communiquait encore avec le pays. »

Il lui était échappé de dire quelque temps avant le Concordat :

« Si le pape n'avait pas existé, il eût fallu le créer pour cette occasion, comme les consuls romains faisaient un dictateur dans les circonstances difficiles. »

Aussitôt réconcilié avec le pape, Bonaparte qui avait, lorsqu'il était général en chef, couvert le sol de l'Italie de républiques, dans l'intention de donner des gages à la nouvelle alliance qu'il venait de contracter et pour juger de l'effet que cela produirait en France, fonda des royaumes sur cette même terre italienne, un infant de Parme, auquel on avait enlevé ses États pour les réunir à la Lombardie, fut nommé roi d'Etrurie et alla régner en Toscane transformée à son profit en une petite monarchie.

Peu à peu les idées et les coutumes républicaines disparaissaient. La nation, sans s'en douter, suivait l'impulsion de l'homme de génie qui la gouvernait, et revenait tout doucement à ses anciennes coutumes monarchiques : la république existait encore de nom, mais l'empereur régnait de fait depuis longtemps.

1802 fut une des plus belles années de la France nouvelle.

En effet, après dix ans de luttes et de combats pour conquérir sa liberté, la nation jouit enfin de cette égalité morale tant désirée, en paix avec le monde entier, possédant la plus valeureuse armée de l'Europe, les hommes politiques les plus éminents, les académies les plus remarquables, par les savants, les poètes, les peintres, les sculpteurs qui les composent; elle tient le sceptre des arts! Le commerce et l'industrie dotés de routes, de canaux et de ponts innombrables, ont pris un essor inouï inconnu jusqu'à cette époque. De nombreux lycées sont ouverts à la jeunesse studieuse qui s'y précipite en foule; la France est réellement grande; toutes les gloires sont siennes, car elle se les est appropriées toutes, et de plus elle a pour chef souverain, pour premier Consul, le plus beau génie des temps modernes : NAPOLÉON BONAPARTE!

Mais cette prospérité repose sur lui seul; son génie vivifie tout, sa volonté remue le monde, lui mort ou renversé du pouvoir, tout meurt, se dissout, disparaît et retombe dans le néant!

Il fallait remédier à cet état de choses, Napoléon et la France ne formaient qu'un désormais, tous deux le comprenaient; le premier Consul, dédaignant le vote du Sénat qui lui conférait le consulat pour dix ans, en appela au peuple et lui posa franchement cette question :

« Bonaparte sera-t-il Consul à vie?

Le peuple répondit par plus de trois millions de voix : Oui!

Le Sénat se hâta de proclamer le vœu national, et y ajouta une nouvelle prérogative pour le premier Consul, celle de choisir son successeur.

Bonaparte répondit à la députation du Sénat :

« SENATEURS,

« La vie d'un citoyen est à sa patrie, le peuple Français veut que la mienne lui soit consacrée..... J'obéis à sa volonté.....

« En me donnant un nouveau gage, un gage permanent de sa confiance, il m'impose le devoir d'étayer le système de ses lois par des institutions prévoyantes.

« Par mes efforts, par votre concours, par le concours de toutes les autorités, par la confiance et la volonté de cet immense peuple, la liberté, l'égalité, la prospérité de la France, seront à l'abri des caprices du sort et de l'incertitude de l'avenir... Le meilleur des peuples sera le plus heureux, comme il est le plus digne de l'être, et sa félicité contribuera à celle de l'Europe entière.

« Content alors d'avoir été appelé par l'ordre de celui de qui tout émane, à ramener sur la terre la justice, l'ordre et l'égalité, j'entendrai sonner ma dernière heure sans regret et sans inquiétude sur l'opinion des générations futures. »

L'œuvre était consommée sauf le nom, la monarchie était rétablie, Napoléon Ier régnait.

L'ordre de la Légion-d'Honneur fut fondé dans l'intervalle du Sénatus-Consulte qui décernait à Bonaparte le consulat pour dix ans et le plébiscite qui le nommait à vie, le 22 frimaire an VIII, (le 2 décembre 1802). Cette création trouva une grande opposition dans le Tribunat et ne passa qu'à une faible majorité. « Cette institution, fit-il dire dans le Corps-Législatif, efface les distinctions nobiliaires, qui plaçaient la gloire héritée avant la GLOIRE ACQUISE, et les descendants des grands hommes avant LES GRANDS HOMMES. »

Bonaparte voyant l'opposition qui s'était élevée contre cette institution, s'en prit aux défenseurs du projet, qui avaient sans doute mal compris son idée.

« Si la diversité des ordres de chevalerie, dit-il à cette occasion, et leur spécialité de récompense consacraient les castes, l'unique décoration de la Légion-d'Honneur avec l'universalité de son application est au contraire le type de l'égalité. » Ce fut pour cette raison qu'il repoussa les conseils de ceux qui l'engageaient à faire de la Légion-d'Honneur un ordre seulement militaire. « Cette idée, dit-il, pouvait être bonne au temps du régime féodal et de la chevalerie, lorsque les Gaulois furent conquis par les Francs. La nation était esclave, les vainqueurs seuls étaient libres; ils étaient tout; ils l'étaient comme militaires...

« Il ne faut pas raisonner des siècles de barbarie aux temps actuels. Nous sommes trente millions d'hommes réunis par les lumières, la propriété et le commerce. Trois ou quatre cents militaires ne sont rien auprès de cette masse. Outre que le général ne commande que par les qualités civiles; dès qu'il n'est plus en fonctions, il rentre dans l'ordre civil. L'armée c'est la nation. Si l'on considérait le militaire, abstraction faite de ses rapports avec l'ordre civil, on se convaincrait qu'il ne connaît pas d'autres lois que la force, qu'il rapporte tout à lui, qu'il ne voit que lui... Le propre du militaire est de tout vouloir despotiquement, celui de l'homme civil est de tout soumettre à la discussion, à la vérité, à la raison... Je n'hésite donc pas à penser, en fait de prééminence, qu'elle appartient incontestablement au civil... Ce n'est pas comme général que je gouverne, mais parce que la nation croit que j'ai les qualités civiles propres au gouvernement. Si elle n'avait pas cette opinion, le gouvernement ne se soutiendrait pas. Je savais bien ce que je faisais, lorsque général d'armée je prenais la qualité de membre de l'Institut, j'étais sûr d'être compris, même par le dernier tambour.

« Si la Légion-d'Honneur n'était pas la récompense des services civils comme des services militaires, elle cesserait d'être la Légion-d'Honneur...

« Le jour où l'on s'éloignera de l'organisation de la Légion-d'Honneur, a-t-il dit plus tard, on aura détruit une grande pensée et ma Légion-d'Honneur cessera d'exister. »

Nous croyons, en effet, que le projet de décret présenté au tribunat et au Corps-Législatif ne trouva une si forte opposition que parce que les orateurs furent mal compris et que l'on se figura à tort que Bonaparte ne voyait dans cette institution qu'un moyen de se faire des créatures, en ressuscitant ces anciens ordres que la révolution avait proscrits, tandis qu'en fondant un ordre accessible à tous, le premier Consul voulait, au contraire, consacrer ces principes d'égalité proclamés par les hommes de 89, et qui avaient jeté de si profondes racines dans la nation. Nous devons ajouter que ce qui fâcha probablement les tribuns, fut qu'ils devinèrent les intentions du premier Consul et son désir de poser sur son front la couronne impériale.

Parmi les créations consulaires, il en est une surtout dont nous devons parler, car elle réfute victorieusement les attaques dirigées contre le gouvernement de Napoléon Ier, et résume l'esprit de cet homme qui ne vit jamais dans tous ses actes que l'intérêt et le bonheur des peuples.

Cette création, qui seule suffirait pour rendre impérissable le nom de son auteur et faire chérir à jamais sa mémoire, est le *Code civil*, ce composé de lois si claires, si justes, si simples, et où l'on trouve à chaque page ces principes de 1789, degagés enfin du chaos des utopistes, et mis en action pour sauve-garder les intérêts des hommes, et les faire jouir des bienfaits d'une liberté sage et bien entendue.

Le Code civil est la pierre angulaire du système de grandeur, de liberté et de lumière, dont Napoléon voulait doter le monde; le temps a manqué au moderne Charlemagne pour terminer par la paix ce que la propagande armée de ses soldats avait ébauché dans toutes les capitales où le vol de ses aigles s'était un instant arrêté; mais l'esprit du Code civil a survécu, est resté tr'omphant, et une grande partie de l'Europe s'honore aujourd'hui d'être gouvernée par nos lois.

Napoléon est bien l'auteur du *Code civil*, tous les grands jurisconsultes qui y ont travaillé étaient sous ses ordres, et n'agissaient que sous l'influence de son génie et de sa pensée; souvent il lui arriva dans une discussion de trancher par un mot, par un éclair de génie, des difficultés qui semblaient insurmontables, et dont les légistes ne savaient comment se tirer.

On se rappelle qu'il fit ajouter le titre V aux actes de l'État civil pour fixer d'une manière certaine la condition civile des militaires hors du territoire de la France, et qu'il répondit ces belles paroles à ceux qui lui objectaient qu'il suffisait que ces actes, concernant ces militaires, fussent revêtus des formes usitées dans les pays *étrangers* où ils se trouvaient : « Le militaire n'est jamais chez l'étranger, s'écria-t-il vivement, lorsqu'il est sous le drapeau, là où est le drapeau, là est la patrie! »

Le *Code civil* est une œuvre grandiose et immortelle que l'esprit de parti, dans aucune circonstance, n'a osé attaquer; il a réellement émancipé les peuples, en faisant disparaître à jamais les distinctions de castes, en abolissant le droit d'aînesse, forçant tout le monde à travailler, et faisant la part égale à chacun en rendant tous les emplois accessibles au talent.

En lisant ce livre si véritablement démocratique, qui osera dire que l'homme de génie, auteur de ces lois sublimes, rêvait la dictature universelle et était un despote qui voulait entraver la pensée et arrêter le progrès?

Le 20 mai 1803, le traité d'Amiens fut rompu, et la guerre recommença entre la France et l'Angleterre. Le prétexte pris par le roi Georges fut la possession des îles de Lampedouze et de Malte, et l'évacuation de la Hollande; mais la véritable raison était la haine des monarchies européennes contre la révolution française L'Angleterre qui, par sa position géographique, avait moins souffert que les autres puissances des premières guerres, et s'était plus vite remise des pertes qu'elle avait éprouvées, se plaçait naturellement à l'avant-garde, afin de donner à ses alliés secrets, les souverains du Nord de l'Europe, le temps de se préparer à recommencer la lutte.

Le premier Consul répondit aux différents corps de l'État qui vinrent lui exprimer le vœu que la dignité du peuple français fut respectée.

« Nous sommes forcés de faire la guerre pour repousser une « injuste agression; nous la ferons avec gloire.

« Si le roi d'Angleterre est résolu de tenir la Grande-Bretagne « en état de guerre jusqu'à ce que la France lui reconnaisse le « droit d'exécuter ou de violer à son gré les traités, ainsi que le « privilége d'outrager le gouvernement français dans les publica- « tions officielles ou privées, sans que nous puissions nous en « plaindre, il faut s'affliger sur le sort de l'humanité.

« Certainement nous voulons laisser à nos neveux le nom Fran-
« çais toujours honoré, toujours sans tache.....

« Quelles que puissent être les circonstances, nous laisserons « toujours à l'Angleterre l'initiative des procédés violents contre la « paix et l'indépendance des nations, et elle recevra de nous « l'exemple de la modération, qui seule peut maintenir l'ordre « social. »

Le commencement de la guerre fut glorieux, l'armée française occupa le Hanovre sans coup férir, et les troupes anglo-hanovriennes honteusement abandonnées par le duc de Cambridge qui les commandait furent faites prisonnières de guerre.

Le premier Consul partit de Paris pour visiter la Belgique et la Hollande, et surveiller les immenses travaux qu'il faisait exécuter sur les côtes de l'Océan, car il préparait sérieusement une descente en Angleterre, dont les badauds riaient à Paris; mais qui alarmait les Anglais et faisait trembler Pitt.

En même temps que se déclarait la guerre franche et avouée, les ennemis de la France continuaient la guerre sourde et lâche des conspirations. Un immense complot fut tramé sous les auspices du cabinet Anglais, dans le but de tuer le premier Consul, et de renverser son gouvernement avant qu'il se fut consolidé par la paix intérieure.

Dans cette conspiration se trouvèrent mêlés Pichegru, Cadoudal et Moreau ; Moreau, le vainqueur de Hohenlinden, le seul homme qui, par sa renommée, pouvait à cette époque balancer celle du premier Consul et lui donner des craintes sérieuses, le seul qui avait des chances pour arriver au pouvoir.

Tous les corps de l'État vinrent exprimer à Bonaparte l'indignation qu'ils avaient ressentie en apprenant cette conspiration que le gouvernement se hâta de dénoncer à toute l'Europe.

Au nombre des émigrés, prêts à entrer en France au premier signal, se trouvait le duc d'Enghein, le dernier rejeton du sang du grand Condé, le vainqueur de Rocroy. Le premier Consul le fit enlever par une escouade de gendarmerie qui viola le territoire des États de Bade où il se trouvait en ce moment, le fit conduire à Vincennes, où il fut jugé et fusillé la nuit même de son arrivée, avec une précipitation qui sembla extraordinaire.

Voici ce que Napoléon a dit, à Sainte-Hélène, à propos de cet événement :

« J'ai fait arrêter et juger le duc d'Enghien, parce que cela était « nécessaire à la sûreté, à l'intérêt et à l'honneur du peuple Fran- « çais ; lorsque le comte d'Artois entretenait, de son aveu, soixante « assassins à Paris. Dans une semblable circonstance j'agirais encore « de même. — Si je n'avais eu pour moi contre le duc d'Enghien, « a-t-il dit encore, les lois du pays, il me serait resté les droits de « la loi naturelle, ceux de la légitime défense. Lui et les siens n'a- « vaient d'autre but journalier que de m'ôter la vie ; j'étais assailli « de toutes parts, et, à chaque instant, c'étaient des fusils à vent, « des machines infernales, des complots, des embûches de toutes « espèces. Je m'en lassai. Je saisis l'occasion de leur renvoyer la « terreur jusque dans Londres, et cela me réussit... Eh ! qui pourrait « y trouver à redire ? Le sang appelle le sang ; il faudrait être niais « ou insensé pour croire qu'une famille aurait le privilége d'atta- « quer journellement mon existence, sans me donner le droit de le « lui rendre..... Je n'avais personnellement jamais rien fait à « aucun d'eux ; une grande nation m'avait placé à sa tête, la « presque totalité de l'Europe avait accédé à ce choix, et mon « sang, après tout, valait bien le leur. »

Ces paroles, en supposant que Napoléon, ce qui n'est pas probable, ait voulu se défendre contre les injustes reproches auxquels il fut en butte, n'ont pas besoin de commentaires et tranchent la question à son avantage.

Un arrêt de la Cour de justice criminelle, en date du 10 juin 1804, condamna à la peine de mort Georges Cadoudal et ses complices ; Moreau, protégé par les sympathies de l'armée, fut condamné à deux ans de réclusion, peine qui fut commuée en un exil perpétuel.

Pichegru se fit lui-même justice, il s'étrangla dans sa prison.

Napoléon montra l'indulgence et la bonté de son caractère en pardonnant à messieurs de Polignac, Rivierre, Lajolais, Bouvet de Lozier, Rochelle, Gaillard Russillon et Charles d'Hosier qui étaient au nombre des conspirateurs, et qui avaient été condamnés à mort.

Le 28 floréal an x (18 mai 1804), Napoléon fut proclamé empereur des Français.

A cette occasion le consul Cambacerès prononça les paroles suivantes :

« Le peuple français a goûté pendant des siècles les avantages attachés à l'hérédité du pouvoir. Il a fait une épreuve courte, mais pénible du système contraire. Il rentre par l'effet d'une délibération libre et réfléchie dans un sentier conforme à son génie. Il use librement de ses droits pour déléguer à votre Majesté Impériale une puissance que son intérêt lui défend d'exercer lui-même. Il stipule pour les générations à venir, et, par un pacte solennel, il confie le bonheur de ses neveux à des rejetons de votre race. Ceux-ci imiteront vos vertus, ceux-là hériteront de notre amour et de notre fidélité. »

L'empereur répondit :

« Tout ce qui peut contribuer au bien de la patrie est essentiellement lié à notre bonheur.

« J'accepte le titre que vous croyez utile à la gloire de la nation. »

Napoléon était un souverain populaire sorti de la révolution. Il s'en souvenait, et s'il prenait le titre d'Empereur, il tenait à faire bien comprendre que les institutions démocratiques, passées désormais dans les mœurs de la nation, non seulement ne trouveraient pas d'adversaire en lui, mais au contraire rencontreraient un défenseur toujours prêt à les protéger, car sa mission était de répandre par toute l'Europe ces idées et ces principes qui l'avaient fait ce qu'il était et lui posaient la couronne sur le front.

Le serment qu'il prononça et que nous reproduisons est une preuve qu'il se considérait comme étant à la tête de la civilisation moderne qui avait détruit les préjugés et les abus des anciens pouvoirs monarchiques, et que, Empereur ou Consul, il ne se considérait que comme le premier représentant de la révolution.

« Je jure de maintenir l'intégrité du territoire de la République, de respecter et de faire respecter les lois du Concordat et la liberté des cultes, de respecter et de faire respecter l'égalité des droits, la liberté politique et civile, l'irrévocabilité des ventes des biens nationaux, de ne lever aucun impôt, de n'établir aucune taxe qu'en vertu de la loi, de maintenir l'institution de la Légion-d'Honneur, de gouverner dans la seule vue de l'intérêt du bonheur et de la gloire du peuple français. »

Jamais serment plus réellement national et démocratique ne fut prononcé du haut d'un trône!

Lorsque le premier Consul fut proclamé Empereur, Louis XVIII, qui alors était retiré à Varsovie, cru devoir protester contre l'acte du Sénat qui fondait une quatrième dynastie, Napoléon prit la copie de la déclaration du prétendant que Fouché s'était hâté de faire saisir, et dit simplement après l'avoir lue :

« Ah! ah! le comte de Lille veut faire des siennes! eh bien! à « la bonne heure. Mon droit est dans la volonté de la France, et « tant que j'aurai une épée, je saurai le maintenir. Les Bourbons « doivent pourtant savoir que je ne les crains pas, qu'ils me « laissent donc tranquille. Vous dites que les badauds du faubourg « Saint-Germain vont prendre et colporter des copies de la protes- « tation du comte de Lille? Eh bon Dieu! qu'ils la lisent tout à leur « aise. Fouché, envoyez cela au *Moniteur*, je veux que cela y soit « demain. » (*Bourrienne.*)

Depuis deux mois Napoléon régnait sous le titre d'Empereur, lorsqu'arriva l'anniversaire de la prise de la Bastille, bien des personnes pensèrent que cette fête, que depuis quinze ans le peuple avait pris la coutume de célébrer tous les ans avec enthousiasme, ne serait pas vue d'un bon œil par le nouveau souverain, et qu'il défendrait de la célébrer; on se trompa.

Napoléon choisit au contraire le 14 juillet pour faire la première distribution des croix de la Légion-d'Honneur et faire prêter serment aux légionnaires; s'emparant avec habilité des souvenirs que ce grand jour avait laissés dans le cœur du peuple pour y rattacher la nouvelle institution qu'il venait de fonder.

Voici ce que rapporte à ce sujet un homme de talent, auteur d'une histoire de l'Empereur Napoléon Ier :

« La cérémonie eut lieu à l'hôtel des Invalides. Le cardinal Du Belloy, archevêque de Paris, à la tête de son clergé, alla recevoir l'Empereur à la porte de l'église. Napoléon était suivi des grands dignitaires et des grands officiers de l'Empire. Après l'office divin, Lacépède, grand-chancelier de la Légion-d'Honneur, prononça un discours où l'on remarquait le passage suivant :

« Aujourd'hui, tout ce qu'a voulu le peuple, le 14 juillet 1789, existe par sa volonté; il a conquis sa liberté, elle est fondée sur des lois immuables; il a voulu l'égalité, elle est défendue par un gouvernement dont elle est la base...... Répétez ces mots qui déjà ont été proférés dans cette enceinte, et qu'ils retentissent jusqu'aux extrémités de l'Empire! Tout ce qu'a établi le 14 juillet est inébranlable, rien de ce qu'il a détruit ne peut reparaître. »

« Après son discours, Lacépède, ayant fait l'appel des grands-officiers de la Légion, parmi lesquels figurait le cardinal Caprara, l'Empereur se couvrit à la manière des rois de France, et au milieu du silence profond, du recueillement religieux de l'assemblée, il dit d'une voix ferme :

« Commandants, officiers, légionnaires, citoyens et soldats, vous jurez, sur votre honneur, de vous dévouer au service de l'Empire et à la conservation de son territoire dans son intégrité; à la défense de l'Empereur, des lois de la République, et des propriétés qu'elle a consacrées; de combattre par tous les moyens que la justice, la raison et les lois autorisent, toute entreprise qui tendrait à rétablir le régime féodal; enfin, vous jurez de concourir de tout votre pouvoir au maintien de la liberté et de l'égalité, bases premières de nos Constitutions! Vous le jurez? »

« Tous les membres de la Légion s'écrièrent : « Je le jure! » et les cris de : « *Vive l'Empereur !* » retentirent sous les voûtes du temple avec un enthousiasme impossible à décrire. »

Deux jours après cette imposante cérémonie, l'Empereur Napoléon Ier partit pour Boulogne, où il voulait faire une distribution solennelle de croix de la Légion-d'Honneur à l'armée qui n'avait pu assister à celle de l'hôtel des Invalides.

Non loin de la tour de César, dans une immense plaine sur le bord de la mer, un vaste amphithéâtre fut élevé sur une éminence que la nature semblait avoir préparé à dessein ; quatre-vingt mille hommes, des camps de Boulogne et de Montreuil, sous les ordres du maréchal Soult, s'échelonnèrent en rayons figurant la croix de la Légion-d'Honneur, dont l'amphithéâtre formait le centre ; les nouveaux chevaliers étaient en tête des colonnes.

L'Empereur, suivi d'un brillant et nombreux état-major, prit place sur le trône qui lui avait été préparé. D'une voix forte, il répéta l'allocution qu'il avait prononcée à la cérémonie de l'hôtel des Invalides, et la distribution des croix commença au milieu des cris de : « *Vive l'Empereur !* » et des transports du plus vif enthousiasme; car tous ces vieux soldats que l'on décorait échangeaient en ce moment les armes d'honneur qu'ils avaient gagnées dans ces gigantesques batailles de la République contre le nouvel insigne qui venait d'être créé, et ces croix leur rappelaient de glorieux souvenirs.

Comme si rien ne devait manquer à cette magnifique cérémonie si grandiose et si nationale, une escadre de chaloupes canonnières, venant du Havre, de Dieppe et d'autres ports, fit son entrée dans Boulogne au moment de la distribution des croix, en traversant toute la flotte anglaise qui bloquait étroitement le port et en se canonnant vivement avec elle.

L'enthousiasme devint alors du délire.

La fête se prolongea très-tard dans la nuit et se termina par un brillant feu d'artillerie tiré sur la plage et dont les jets lumineux furent aperçus des côtes d'Angleterre, et apprirent aux croiseurs ennemis que l'Empereur était arrivé à Boulogne.

La Légion-d'Honneur, cette institution si grande, si belle et si réellement démocratique, loin d'avoir perdu son prestige, le voit s'augmenter tous les jours; car cette distinction, si enviée et si digne de l'être, est un stimulant qui réveille les instincts nobles et généreux, et a, depuis sa création, produit d'immenses bienfaits; et puis, elle a pour nous les fils des hommes de 1789, une date que nous ne pouvons oublier, et qui nous rappelle la première et la plus décisive victoire de nos pères!

STATUTS GÉNÉRAUX

DE LA LÉGION-D'HONNEUR.

La Légion-d'Honneur a été formée en exécution de l'article 87 de l'acte des constitutions de l'Empire du 22 frimaire de l'an VIII, concernant les récompenses militaires, et pour récompenser aussi les grandes vertus et les grands services civils.

Cette Légion est composée d'un grand conseil d'administration et de seize cohortes.

Les rois ou princes titulaires des grandes dignités de l'Empire composent le grand conseil de la Légion-d'honneur.

Les membres du grand-conseil nommés en l'an II, conservent, pour la durée de leur vie, leurs titres, fonctions et prérogatives.

Chaque cohorte est composée :

De grands-officiers décorés du Grand-Aigle,

De grands-officiers,

De commandants,

D'officiers,

Et de légionnaires.

Les membres de la Légion sont à vie.

Les revenus de la Légion se composent de revenus territoriaux et de rentes sur l'État.

Sa Majesté Impériale et Royale détermine, chaque année, les sommes que la Légion emploie à défricher, planter et mettre en valeur les landes, bruyères, dunes et autres terrains vagues qui appartenaient au Gouvernement et qui ont été cédés à la Légion-d'honneur.

Le traitement de chaque grand-officier est de cinq mille francs;

Celui de chaque commandant, de deux mille francs;

Celui de chaque officier, de mille francs;

Et celui de chaque légionnaire, de deux cent cinquante francs.

Le grand-chancelier et le grand-trésorier sont grands-officiers de la Légion, et ont séance au grand-conseil.

Ils ont le rang et jouissent, dans toutes les circonstances, des distinctions et des honneurs, tant civils que militaires, des grands-officiers de l'Empire.

Le grand-chancelier est dépositaire du sceau.

Il veille à ce que les noms de tous les individus composant la Légion, soient inscrits sur des tables de marbre placées dans le dôme des Invalides.

S. Ex. présente à S. M. I. et R. les candidats pour les nominations et promotions relatives à la Légion-d'honneur; signe et fait expédier les brevets; présente les diplômes à la signature de S. M.; donne les décorations au nom de S. M., ou transmet les délégations nécessaires aux membres qui doivent les donner; prend les ordres de S. M. au sujet des ordres étrangers conférés à des Français; transmet les autorisations pour les accepter; présente à S. M. le travail relatif aux pensions et aux gratifications des membres de la Légion, à l'exercice de leurs droits politiques et à leur adjonction à des colléges électoraux de département ou d'arrondissement, ainsi qu'à l'admission des élèves des maisons Impériales Napoléon d'Ecouen et de Saint-Denis; prend les mesures nécessaires pour l'exécution du décret de discipline des membres de la Légion-d'Honneur; dirige et surveille l'administration des domaines de la Légion.

S. Exc. le grand-trésorier dirige et surveille la perception des revenus et les paiements des dépenses.

Il y a un chancelier et un trésorier par cohorte; ils sont officiers de la Légion.

La décoration des membres de la Légion-d'honneur consiste dans une étoile à cinq rayons doubles, et surmontée d'une couronne impériale.

Le centre de l'étoile, entouré d'une couronne de chêne et de laurier, présente d'un côté la tête de l'Empereur, avec cette légende : *Napoléon, Empereur des Français*, et de l'autre, l'aigle français tenant la foudre, avec cette légende : *Honneur et Patrie.*

La décoration est émaillée de blanc.

Elle est en or pour les grands-officiers, et en argent pour les légionnaires; on la porte à une des boutonnières de l'habit, et attachée à un ruban moiré rouge.

Tous les membres de la Légion-d'Honneur portent toujours leur décoration.

L'Empereur seul porte indistinctement l'une ou l'autre décoration.

La grande décoration de la Légion-d'Honneur porte le nom de *Grand-Aigle*, et consiste dans un ruban moiré rouge, passant de l'épaule droite au côté gauche, et au bas duquel est attaché le grand-aigle de la Légion; et dans une plaque brodée en argent, sur le côté gauche des manteaux et habits, et composée de dix rayons, au milieu desquels est l'aigle de la Légion, avec ces mots : *Honneur et Patrie.*

Ce grand-aigle n'est conféré par S. M. qu'à de grands-officiers de la Légion ; le nombre n'en peut excéder soixante.

Les princes de la famille impériale, et les étrangers auxquels S. M. voudrait conférer cette décoration, ne sont pas compris dans ce nombre de soixante; ils peuvent recevoir le grand-aigle sans être membres de la Légion.

Les grands-officiers de la Légion, qui obtiennent la grande décoration, continuent de porter à la boutonnière de l'habit, la décoration de grand-officier de la Légion-d'Honneur.

Les grands-aigles ou grands-officiers décorés du grand-aigle, les grands-officiers, commandants, officiers et légionnaires, reçoivent leur décoration dans une des cérémonies solennelles où S. M. daigne la leur donner elle-même, ou dans les séances extraordinaires déterminées par le décret du 13 messidor an x.

Ils la portent néanmoins, sans attendre une de ces séances, lorsque le grand chancelier, d'après les ordres de l'Empereur, la leur a donnée, ou l'a adressée pour eux, et d'après un ordre particulier de S. M. I. et R., au chef de la cohorte, ou à un autre grand-officier, commandant ou officier, etc., délégué à cet effet par ordre de S. M. l'Empereur et Roi.

Toutes les fois que le grand-officier, le commandant, l'officier ou le légionnaire pour lequel cette déclaration a lieu, appartient à un corps civil ou militaire, la décoration lui est remise au nom de l'Empereur, en présence du corps assemblé.

Les étrangers qui sont nommés membres de la Légion-d'Honneur sont *admis* et *non reçus*. Ils portent la décoration, mais ils ne prêtent pas le serment prescrit aux légionnaires. Ils ne sont pas compris dans le nombre fixé pour les différents grades de la Légion-d'Honneur; ils ne jouissent pas des droits politiques attribués aux membres de la Légion par le senatus-consulte organique du 28 floréal an XII.

Ils peuvent recevoir le grand-aigle, ou l'aigle d'or, ou l'aigle d'argent; mais ils n'ont le titre de grand officier, de commandant ou d'officier, et ne reçoivent un traitement que par un décret particulier de S. M. I. et R.

Les grands-aigles jouissent, dans les palais impériaux, des mêmes entrées que les grands-officiers de l'empire.

Les grands-officiers de la Légion-d'Honneur prennent rang dans les cérémonies publiques, immédiatement après les grands-officiers de l'empire, et le titulaire de la sénatorerie.

AVIS.

Les Fastes biographiques des Ordres civils et militaires de l'Europe, véritable *livre d'or* où les familles des hommes éminents trouveront consignés les titres de noblesse que la patrie reconnaissante leur a décernés en récompense de leurs belles actions, est, à notre point de vue, une œuvre réellement patriotique et nationale, et, pour cette raison, doit être mise à la portée de toutes les bourses; car, depuis le plus riche jusqu'au plus pauvre, les membres de ces ordres ont droit à la posséder.

Pour arriver à ce but, et mettant de côté tout désir de spéculation et de bénéfice, nous avons réduit nos prix ainsi qu'il suit :

Un an	Paris.	25 fr.
	Départements.	32
	Étranger.	36

La série, composée de deux livraisons (32 pages in-8°), avec portrait et couverture. . . . . 1 fr.

L'ouvage paraît les 10, 20 et 30 de chaque mois, et formera chaque année quatre volumes composés de plus de 400 pages.

On s'abonne à Paris :

Chez Ledoyen, libraire, Palais-Royal, galerie d'Orléans, 31 ;

Et aux bureaux du *Moniteur dramatique*, 18, passage Saulnier.

Les lettres et demandes d'abonnements doivent être adressées *franco* et accompagnées d'un mandat sur la Poste, à M. Jules Duval, Administrateur des Fastes biographiques, passage Saulnier, 18.

SOUS PRESSE.

Ouvrages des mêmes auteurs :

Histoire biographique des Maisons souveraines de l'Europe.

Biographie des Souverains régnants.

Paris. — Imp. de Ledoyen, rue du Petit-Carreau, 28

www.ingramcontent.com/pod-product-compliance
Ingram Content Group UK Ltd.
Pitfield, Milton Keynes, MK11 3LW, UK
UKHW012051240726
13965UKWH00003B/1206

9 782013 540650